Inger Christensens *alfabet*

als ‚Systemdichtung'

Jens Wichter

Inger Christensens *alfabet* als ‚Systemdichtung'

Magisterarbeit

erstellt im 12. Fachsemester

im September 2004 am

Institut für Nordische Philologie

der Universität zu Köln

© 2015 Jens Wichter

Herstellung und Verlag: BoD – Books on Demand, Norderstedt

ISBN: 9783734748561

Bibliografische Information der Deutschen Nationalbibliothek:

Die Deutsche Nationalbibliothek verzeichnet diese Publikation in der Deutschen Nationalbibliografie; detaillierte bibliografische Daten sind im Internet über http://dnb.dnb.de abrufbar.

Inhaltsverzeichnis

Vorwort 7

1 Einleitung 9

2 Systemdichtung 13
   2.1 Die Zeitschriftendebatte 13
   2.2 Die dritte Phase des Modernismus 21
   2.3 Systemtypen 30
   2.4 Das Weltbild in der Systemdichtung 39

3 Inger Christensens *alfabet* 45
   3.1 Datierung des Gedichtbands und Forschungsstand ... 45
   3.2 Aufbau 49
   3.3 Inhalt 57
      3.3.1 *abrikostræerne findes* 57
      3.3.2 *atombomben findes* 66
      3.3.3 *alfabeterne findes* 75
   3.4 *alfabet* als Werk der Systemdichtung 88

4 Fazit 99

5 Literaturverzeichnis 105

Vorwort

Bei diesem Buch handelt es sich um eine überarbeitete Fassung meiner Magisterarbeit, mit der ich im Frühjahr 2005 das Studium der Skandinavistik am Institut für Nordische Philologie der Universität zu Köln abgeschlossen habe. Die Überarbeitung umfasste in diesem Fall Orthographie, Interpunktion und Stil um dem Leser eine möglichst fehlerfreie und gut lesbare Lektüre präsentieren zu können. Eine inhaltliche Überarbeitung der Magisterarbeit hat nur in Ausnahmefällen stattgefunden, so dass das Buch den Forschungsstand aus dem Jahre 2004 widerspiegelt.

Trotz der fortschreitenden Digitalisierung von Medien jeglicher Art und einem mittlerweile denkbar einfachen Zugriff auf Literatur über das Internet, steht dem Skandinavistik-Interessierten nicht immer ohne Weiteres die gewünschte Fachliteratur zur Verfügung, gehört das Studium der Nordischen Philologie doch nach wie vor zu den „Orchideenfächern", wie Fachfremde seiner Zeit gerne zu sagen pflegten. Nicht zuletzt deshalb habe ich mich dazu entschlossen, meine Abschlussarbeit zu veröffentlichen und diese somit einer – zumindest potenziellen – Leserschafft zugänglich zu machen, in der Hoffnung, dass sie dem einen oder anderen Literaturinteressierten oder Studierenden, der sich mit Inger Christensens Dichtkunst beschäftigt, bei seinem Studium helfen möge.

Jens Wichter, 2015

1 Einleitung

Als Inger Christensen 1969 ihr Großgedicht *det* herausbringt, geschieht dies in einer Zeit, als in Dänemark gerade eine Literaturgattung zu entstehen im Begriff ist, wie sie in der Literaturgeschichte bislang nahezu einmalig ist: die Systemdichtung. Einmalig deshalb, weil es sich bei der Systemdichtung um einen Begriff handelt, der untrennbar mit dem literarischen Geschehen in Dänemark vom Ende der 60er Jahre bis in die 70er Jahre hinein verbunden ist. Von Steffen Hejlskov Larsen ins Leben gerufen, kann man den Terminus Systemdichtung daher ruhigen Gewissens als einen dänischen Begriff bezeichnen, da in anderssprachiger Literatur für ähnliche Phänomene andere Termini verwendet werden.[1] *det* etablierte sich als eines der Hauptwerke dieser Gattung, einer Dichtung, die sowohl schriftthematisch als auch schriftmateriell ausgerichtet ist und deren Werke sich durch ein strukturbetontes, serielles und systematisches Erscheinungsbild auszeichnen.

Nachdem Christensen mit der Veröffentlichung von *det* der große Durchbruch gelingt, erscheint zwölf Jahre später ihr Gedichtband *alfabet*. Dieser hat, ähnlich wie *det*, eine Art Schöpfungsbericht der Welt zum Thema. Wie man dem Titel des Werks bereits entnehmen kann, richtet sich die Autorin beim Verfassen jenes Opus magnum nach einem strengen, formalen Regelwerk, einem für uns nicht wegzudenkenden, essenziellen Zeichensystem, auf dem nichts Geringeres als die Beschreibung formaler Sprachen basiert: dem Alphabet. Doch das ist nur eins von zwei Systemen, derer sich

---

[1] Vgl. Borup, Anne: „Systemer i polemik", in: *Apparatur Nr. 2* (2001), S. 6.

Christensen beim Verfassen des Gedichtbands zu bedienen weiß. Denn die Schriftstellerin bleibt, wie in ihren beiden zuvor herausgegebenen lyrischen Werken (*det* 1969 und *Brev i april* 1979), auch bei der Produktion von *alfabet* bei ihrer Vorliebe für mathematische Strukturen und kombiniert das Alphabet als Buchstabenregelwerk mit einem Zahlensystem, wie es in keinem anderen literarischen Werk zuvor getan wurde: der so genannten Fibonacci-Reihe.[2]

Es ist auf den ersten Blick das Faible für eine nach strengen Regeln strukturierte Lyrik, das man mit Texten der Systemdichtung verbindet und das bereits in der Gattungsbezeichnung (*System*dichtung) enthalten ist. Bei der dänischen Systemdichtung handelt es sich jedoch um eine Literaturgattung, deren Grenzen nicht immer eindeutig auszumachen sind. Die Grenzen zu anderen Strömungen sind fließend und machen eine Einordnung einzelner Werke nicht immer einfach. Das bestätigt auch Larsen, der sich seit den 60er Jahren bis in das neue Jahrtausend hinein am intensivsten mit dieser Gattung beschäftigt hat und zugleich einräumt, dass individuell entschieden werden muss, ob ein Dichter der Systemdichtung zuzuordnen sei oder nicht, scheinen manche Argumente oberflächlich betrachtet auch noch so sehr dafür zu sprechen.[3] Selbst bei Christensens *det*, das als Hauptwerk der Systemdichtung gilt, wurden in der Forschung Zweifel

---

[2] Vgl. Abild, Birgit; Bonde, Lisbeth: „Angst og system i „alfabet"", in: *Litteratur & Samfund 36* (1983), S. 8. Mehr über Ursprung und Struktur der Fibonacci-Reihe in Kapitel 3.2.
[3] Vgl. Larsen, Steffen Hejlskov: „Noget om systemdigtning", in: *Kritik*, 35. Jg. (2002) Nr. 158, S. 70.

laut, ob das Werk überhaupt die Anforderungen eines an diese Gattung gestellten Textes erfüllt.[4]

Die Kategorisierung von Christensens *alfabet* in Bezug auf die Systemdichtung bildet den Schwerpunkt dieser Arbeit. Inwieweit lässt sich der Text in diese Epoche einordnen, was zeichnet ihn aus und wie sehen die Reaktionen der Forschung auf den Gedichtband Inger Christensens aus? Um im Hinblick auf diese Fragestellung eine befriedigende Antwort zu erarbeiten, ist es unerlässlich, eine Darlegung der Epoche der dänischen Systemdichtung vorzunehmen. Dies erfolgt gleich zu Beginn dieser Arbeit. Larsens Buch *Systemdigtningen. Modernismens tredje fase*[5] bildet wegen dessen Ausführlichkeit und wegweisender Ausführungen im ersten Teil dieser Arbeit den Leitfaden. Eine Zusammenfassung der damals geführten Zeitschriftendebatte soll als Einstieg die Merkmale der Werke der Systemdichtung darlegen. Im daran anschließenden Kapitel über die verschiedenen Phasen des Modernismus sollen die Charakteristika weiter konkretisiert werden. Danach rückt schließlich Christensen mit ihrem Werk *alfabet* in den Mittelpunkt. Neben einer kurzen Übersicht über ihr Œuvre, gefolgt von einer Erörterung des Forschungsstandes, werde ich in Kapitel 3.2 mit einer Analyse von *alfabet* beginnen. Hierfür lege ich einleitend die formalen Eigenschaften des Gedichtbands dar und werde im Anschluss daran die einzelnen Gedichte von *alfabet* in chronologischer Reihenfolge analysieren und dabei sowohl auf deren Inhalt als auch – soweit relevant – auf die jedem Gedicht inhärenten strukturellen Merkmale eingehen. Diese Vorgehensweise hat zur Folge, dass

---
[4] Siehe Seite 95.
[5] Larsen, Steffen Hejlskov: *Systemdigtningen. Modernismens tredje fase*, Kopenhagen 1971.

ich auf einige Teile des Gedichtbands näher als auf andere eingehe. Eine weitere Konsequenz wird sein, dass ich mich je nach Gedicht ausführlich auf relevante Themenbereiche konzentrieren werde, die zum Verständnis des inhaltlichen und formalen Aufbaus in Christensens Werk beitragen sollen, wie z. B. die Schwerpunkte Natur, Weltbild und Tod, um nur einige zu nennen.

Christensens *alfabet* gilt in der Forschung wegen seines Umfangs sowie seiner Komplexität als anspruchsvoller und schwer zugänglicher Text. Durch die von mir beabsichtigte Herangehensweise meine ich einen adäquaten Weg gefunden zu haben, eine möglichst überschaubare Analyse von *alfabet* durchzuführen. Im Anschluss daran fahre ich mit einer Einordnung von Christensens Werk in die Systemdichtung fort, um mich endgültig einer Antwort auf die dieser Arbeit zugrunde liegenden Fragestellung anzunähern. Eine Zusammenfassung der Ergebnisse soll im Fazit resümierend den Abschluss dieser Arbeit bilden, jedoch nicht ohne das Erarbeitete mit einem Ausblick auf mögliche Forschungsperspektiven abzuschließen.

2 Systemdichtung

2.1 Die Zeitschriftendebatte

Der Begriff ‚Systemdichtung' taucht zum ersten Mal in einem Aufsatz Larsens auf.[6] Dieser basiert auf einem Vortrag, den Larsen im Sommer 1967 gehalten hatte. Der Grund, weshalb Larsen den Begriff Systemdichtung ins Leben ruft, ist ebenso einfach wie einleuchtend:

> Begrundelsen for at bringe en ny litteraturhistorisk betegnelse på det kulturpolitiske marked var den enkle, at en ny digtning syntes at have manifesteret sig. Og ethvert særpræg skal have en betegnelse for at blive lagt mærke til.[7]

Larsen räumt ein, dass ihm die Begriffsbestimmung nicht leicht gefallen sei. Einerseits ist es ihm wichtig, eine Verbindung zur älteren Dichtung beizubehalten, – der Einfluss des Modernismus ist noch immer vorhanden und soll zum Verständnis der neuen Dichtung beitragen – andererseits soll der Begriff ‚Systemdichtung' für etwas Eigenes stehen, etwas, das ihn von den anderen Gattungen abgrenzt. Larsen macht keinen Hehl daraus, dass er durch die Wahl des Begriffs die Modernisten, die der neuen Gattung kritisch gegenüber stehen, für die nächste Phase der damaligen Entwicklung gewinnen will.[8] Darüber hinaus empfindet er es als taktischen Vorteil, dass solch

---

[6] In Ausgabe Nr. 7 der Zeitschrift *Vindrosen* (1967) mit dem Titel „Systemdigtning – et forsøg på en karakteristik og vurdering".

[7] Larsen: *Modernismens tredje fase*, S. 46.

[8] Vgl. ebd.

bedeutende Autoren wie Per Højholt und Svend Åge Madsen, aber auch er selbst als anerkannter Kritiker des Modernismus sich zu dieser neuen Gattung bekennen.[9] Er ist sich auch darüber im Klaren, dass sich die Systemdichtung nicht als eine abgrenzbare Gattung weiterentwickeln würde, sondern dass Einflüsse sowohl des Modernismus als auch Symbolismus' und ähnlichen literarischen Strömungen in die Gattung mit einspielen würden, da die Nähe der einzelnen Epochen zueinander nach wie vor sehr groß ist.

Die Veröffentlichung von Larsens Artikel bleibt nicht ohne Konsequenzen. Sie hat eine Debatte zur Folge, die unter anderem von den oben genannten Schriftstellern und Larsen selbst über die Veröffentlichung von Artikeln in den Jahren 1967-1969 geführt wird. In diesen Aufsätzen diskutieren die Autoren – sie bringen die Polemik unübersehbar in den Titeln ihrer Texte zum Ausdruck – die wesentlichen Punkte der neu aufgekommenen Strömung, die zugleich die Basis für Larsens Buch *Systemdigtningen. Modernismens tredje fase* bildet.

Bemerkenswert ist, dass in Larsens Artikel, der die Debatte ausgelöst hatte, nicht ein einziges Mal das Wort ‚System' vorkommt. Stattdessen spricht er von ‚Modellen'. ‚System' klinge zu technisch und das sorge bei älteren Literaten für Besorgnis: „datamaskiner og matematik trænger ind på digtningens område."[10] Zwar steht Larsen zufolge sowohl bei den alten als auch bei den neuen Modernisten der sprachliche Ausdruck im Vordergrund,

---

[9] Vgl. Borup: *Systemer*, S. 7.
[10] Larsen, Steffen Hejlskov: „Systemdigtning – et forsøg på en karakteristik og vurdering", in: *Vindrosen*, 14. Jg. (1967) Nr. 7, S. 18.

jedoch würden bei der neuen Generation von Schriftstellern elementare, sprachliche Phänomene deutlicher hervorgehoben. Während Villy Sørensens Werke eher durch Metaphorik und Symbolik gekennzeichnet seien, beschäftigten sich Dichter wie Højholt und Madsen insbesondere mit dem Satzbau und der Phonemstruktur. Darüber hinaus wirke die neue Autorengeneration den Gedanken ihrer Vorgänger entgegen:

> De [den nye forfattergeneration] affærdiger de panteistiske og dybdepsykologiske og de digtermytiske modeller på den måde, at de forkaster det panteistiske og det dybdepsykologiske og det mytiske, men beholder *modellen*.[11]

Indem man nur mit Sprache als Material arbeite und diese verschiedenen formellen Deformierungen aussetze, sei es möglich, sich neue Lebenspositionen zu erarbeiten. Und genau das sei die Problemstellung der neuen Literatur.[12]

Die damaligen Redakteure der Zeitschrift *Vindrosen* (1954-1973), Torben Brostrøm und Niels Barfoed, beide Anhänger der ‚alten' Generation von Modernisten, zeigen sich von Larsens Artikel überrascht, bekundet er doch deutlich Interesse an dieser neuen Form des Modernismus. So lässt ein Kommentar Barfoeds nicht lange auf sich warten: ihm missfällt, dass Larsen einerseits vom Neuen, dem Systematischen schreibt, das bislang nur der Dichtung Erik Thygesens und Per Kirkebys zugeschrieben werden konnte, dass Larsen andererseits aber auch keinen Hehl daraus macht, dass sich das

---
[11] Ebd., S. 19.
[12] Vgl. ebd., S. 22.

Schaffen der beiden Autoren nicht gerade durch großes Talent auszeichne. In seinem nächsten Artikel „System og system er to ting"[13] distanziert sich Larsen sogleich von Kirkeby und Thygesen, die seiner Meinung nach keine Systemdichter seien. Kirkebys Art zu schreiben sei allzu sehr von der Malerei und vom Film inspiriert, was seiner Dichtung jegliche Sprachästhetik abspreche, wohingegen sich Thygesen zwar mit formalen Systemen beschäftige, diese allerdings nicht ihren Ausgangspunkt in der Sprache nehmen, was für Larsens Verständnis von Systemdichtung unabdingbar ist.[14] Es herrschen somit zwei Auffassungen von Systemdichtung vor: Diejenige Thygesens, wonach sich die Dichtung formaler Systeme bediene, und die Larsens, wonach Dichtung aus der Sprache heraus entstehe. Larsen räumt ein, dass Thygesens Auffassung durchaus präziser sei und seine eigene hingegen eher vage. Er relativiert das Ganze jedoch im selben Atemzug, indem er die einleuchtende wie banale Feststellung macht, dass literaturhistorische Bezeichnungen nicht zu eng definiert sein dürfen, wenn sie auf mehrere Autoren zutreffen sollen. „Den skal være fantasiæggende og give mulighed for personlige variationer."[15] Der Autor Hans-Jørgen Nielsen schließt sich Larsens Definition der Systemdichtung an und fordert, dass die neue Strömung demokratischer als die Alte sein solle. Barfoed ist derselben Meinung und kann sich, wie Larsen, mit seiner Kritik an Thygesen und Kirkebys Dichtung nicht zurückhalten.

---

[13] In Ausgabe 1 von *Vindrosen* (1968).
[14] Vgl. Larsen, Steffen Hejlskov: „System og system er to ting", in: *Vindrosen*, 15. Jg. (1968) Nr. 1, S. 9.
[15] Larsen: *Modernismens tredje fase*, S. 48.

Die Zustimmung seiner Kollegen verschafft Larsen breite Anerkennung, sodass Thygesens Antwort nicht lange auf sich warten lässt.[16] Thygesen ist der erste, der mit diesem Artikel der dänischen Literatur explizit den Stempel eines Postmodernismus aufdrücken möchte. Nielsen wehrt sich jedoch gegen diese Kategorisierung und lässt mit einer Reaktion nicht lange auf sich warten:

> Systemdigtningen er således et fænomen i hastig udvikling snarere end noget færdigt. Og udviklingen går ikke i retning af en »post-modernisme«, som visse lidt hurtigt antager – sådan én har man ikke set skyggen af endnu. Det, der sker, markerer blot en ny fase i den modernistiske tradition.[17]

Diese neue Art zu dichten impliziere eine neue Autorenrolle, denn im Zentrum stehe eine vollkommen neue Lebensauffassung, und zwar derart, dass die Dichtung zu einem ‚Wirklichkeitsgenerator' werde und nicht zu einem Mittel der Erkenntnis, wie es bei der vorherigen Generation der Modernisten der Fall gewesen sei.[18]

Die Zeitschriftendebatte kann bis zu diesem Zeitpunkt in Bezug auf die Systemdichtung keine zufriedenstellende und eindeutige Definition des Terminus' präsentieren. Anne Borup stellt fest, dass der Begriff ‚System' für

---

[16] In Form des Artikels „System og system er to ting – systemisk noget helt tredie" in Ausgabe 4 von *Vindrosen* (1968).
[17] Nielsen, Hans-Jørgen: „Mere end tre ting jeg ved om systemdigtning", in: *Vindrosen*, 15. Jg. (1968) Nr. 6, S. 74.
[18] Vgl. Nielsen: *Mere end tre ting*, S. 75.

sich allein betrachtet alles Mögliche bedeuten könne.[19] Borup fährt fort, dass der Terminus in der Zeitschriftendebatte oftmals als Metapher für andere Begriffe, wie z. B. Modell, Emballage, Rahmen, Muster oder schlichtweg Beispiel verwendet wird. Demnach könne der Begriff auf jegliche Form neuerer Dichtung angewandt werden. Nielsen spricht diese Problematik ebenfalls an:

> Ethvert kunstværk bygger jo på systemer, for så vidt det må være organiseret for overhovedet at kunne aflæses. Det véd vi bl.a. fra den informationelle æstetik. Og i den forstand er al digtning systemdigtning.[20]

Es ist unklar, inwieweit die Systemdichtung auf einer mimetischen oder auf einer konstruktivistischen Ästhetik aufbaut. Borup hält eine Zwischenlösung für denkbar und macht darauf aufmerksam, dass Larsen diese Frage in seinen zahlreichen Essays nie bewusst reflektiert habe. Man könne jedoch so viel sagen, dass die Systemdichtung eine Gattung mit einem besonders ausgeprägten Bewusstsein für Sprache sei. Obwohl Larsen auf den Einfluss der bildenden Kunst auf die Systemdichtung aufmerksam macht, vertritt er die Meinung einer rein literarischen Ästhetik. Dies wird zum Kernpunkt in der Debatte mit Thygesen. „[Han] gik ind for at bruge urene former, genre- og mediehybrider, materialinterne og -eksterne systemer."[21] Thygesens Artikel ist darüber hinaus eine Antwort auf eine Äußerung Barfoeds, der Larsens System-Konzept auf beispielsweise Kirkebys Dichtung nicht

---

[19] Vgl. Borup: *Systemer*, S. 8.
[20] Nielsen: *Mere end tre ting*, S. 75.
[21] Borup: *Systemer*, S. 9.

anzuwenden weiß und dessen Werken er jegliche Eigenschaften eines geordneten Systems abspricht. Larsen pflichtet Barfoed in der Sache bei und konzentriert sich mit seiner Kritik im Folgenden auf Thygesen. Er und Kirkeby lassen in ihrer Dichtung seiner Meinung nach die für ein Werk der Systemdichtung nötige Sprachästhetik vermissen und seien keineswegs daran interessiert, sprachliche Gefüge aufzubauen, die neue Lebensbilder produzieren.[22]

Auch Madsen lässt es sich nicht nehmen sich in die Zeitschriftendebatte einzubringen.[23] Er definiert ‚System' eindeutig als literarisches System und unterteilt es in verschiedene Genres, die wiederum auf politischen Systemen basieren. Er hebt hervor, dass es darauf ankomme, auf welche Art und Weise der Dichter eine Verbindung zwischen einem nicht-literarischen und einem literarischen System herstelle.[24] Højholt weiß im Gegensatz zu Madsen mit traditionellen literarischen Formen nichts anzufangen, da diese nicht ‚leer' genug seien und eine systematische Verwertung der Form unter den richtigen Bedingungen verhindern würden.[25]

Der Name Klaus Høeck wird in der Zeitschriftendebatte und den darin besprochenen Werken seltsamerweise kein einziges Mal erwähnt, obwohl Høeck zwischen 1967 und 1973 Artikel über Systemkunst publiziert und überdies selbst Systemdichtung seit seinem Debüt 1966 verfasst. In seinem

---

[22] Vgl. Larsen: *System og System er to ting*, S. 9.
[23] Mit dem Aufsatz „Was ist ein Bild?", der 1969 in der Literaturzeitschrift *mak* (Nr. 1) erschien.
[24] In seinem Artikel *Intethedens grimasser* in *mak* 2.
[25] Vgl. Borup: *Systemer*, S. 10.

Artikel „Systemdigtning og seriel digtning"[26] bemängelt er, dass jeglicher zu der Zeit veröffentlichten Dichtung der Stempel „Systemdichtung" aufgedrückt werde. Für ihn zeichnet sich Systemdichtung jedoch nur durch solche lyrischen Texte aus, die nach einer zusammengesetzten Ganzheit sowie strukturellen Ordnung streben. Dabei sei das System weder ein Beispiel oder Modell für das Leben noch ein modernes oder modernistisches Phänomen. Adam Oehlenschlägers Texte seien seiner Meinung nach systematischer als manches Werk aus der Zeit der dänischen Systemdichtung. Die neue Dichtung zeichne sich durch Regeln, durch Gesetzmäßigkeiten aus, die auf jedes Werk der Systemdichtung neu anzuwenden seien. Die formale Seite eines Gedichts sei somit nicht mehr wie bisher an von vornherein bekannte Regeln wie z. B. Reim und Rhythmus gebunden. „Digteren skaber regler for de lovmæssigheder, der skal styre materialet." [27] Høeck ist der Meinung, dass die menschliche Sprache Systematisches bereits impliziere, was wiederum bedeute, dass dieser Auffassung nach jegliche Art von Dichtung systematisch sei. Er unterscheidet in dem Zusammenhang zwischen zwei Systemarten: der Natur, die ein dynamisches System darstelle, und der Sprache, die axiomatisch bestimmt sei.[28] Daher könne man Borup zufolge die Systeme von Høeck und von Inger Christensen nicht ohne weiteres miteinander vergleichen. Christensen betrachte Zahlen und mathematische Systeme als etwas von der Natur Gegebenes, was sich wiederum in der Kunst widerspiegle und sich in Form

---

[26] In *Dansk Musiktidsskrift* (1971).
[27] Borup: *Systemer*, S. 11.
[28] Vgl. ebd.

einer spät-symbolistischen Systemdichtung äußere. Die Dichtung Høecks hingegen beziehe verschiedenste Diskurse mit ein und zeichne sich durch einen Dialog mit der Klassik, der Romantik und dem Modernismus aus.[29]

Die in der Zeitschriftendebatte vorgebrachten Argumente machen deutlich, dass sich Systeme im Allgemeinen mit dem die Systemdichtung betreffenden Terminus ‚System' nur schwer auf einen gemeinsamen Nenner bringen lassen. Man kommt daher um eine individuelle Betrachtung der einzelnen Werke und Methoden nicht herum. Eine Darstellung von *alfabet* erfolgt daher in Kapitel 3.

2.2   Die dritte Phase des Modernismus

Mit dem Modernismus gelingt in Dänemark auf literarischer Ebene der endgültige und vollständige „Anschluss an die moderne Weltliteratur."[30] Es handelt sich bei der Gattung in erster Linie um eine lyrische Bewegung, die um das Jahr 1960 herum anzusiedeln ist. Eine junge Generation von Intellektuellen, bestehend aus Autoren, Kritikern, Verlegern und Redakteuren, macht durch „Plötzlichkeit, Heftigkeit und einen provokativen Alleinanspruch"[31] auf sich aufmerksam. Als besonders produktiv erweist sich, dass die Beteiligten enger als üblich zusammenarbeiten, mit dem Ziel, die

---

[29] Vgl. ebd.
[30] Glienke, Bernhard: „Dänische Literatur im 20. Jahrhundert", in: Paul, Fritz (Hrsg.): *Grundzüge der neueren skandinavischen Literaturen*, 2. Aufl., Darmstadt 1991 (1. Aufl. 1982), S. 239.
[31] Ebd., S. 249.

literarischen Strömungen des 20. Jahrhunderts endgültig in Dänemark zu etablieren. Im Gegensatz zu ihren Vorgängern beklagen die Modernisten nicht mehr einfach, sondern

> [...] fördern den Zusammenbruch vertrauter Synthesen und Subjekt-Objekt-Beziehungen durch analytische, destruktive und klischee-denunziatorische Operationen. Das lyrische Ich (wo es ausdrücklich auftritt) wird mit sich selbst, einem Es oder Du ungedeckt ‚konfrontiert' und ‚bombardiert' sein fremdes Gegenüber mit einer experimentellen Sprache, deren Satzbau, Wortschatz und Verfremdungsarsenal wiederum den Leser befremden.[32]

Hans-Jørgen Nielsen, Autor und Theoretiker, nimmt 1968 eine Einteilung des dänischen Modernismus in drei Phasen vor:

1. Die *Heretica*-Phase (benannt nach der gleichnamigen Zeitschrift der Bewegung)

2. Die modernistische *Konfrontations*-Phase (nach der gleichnamigen Lyriksammlung von Klaus Rifbjerg benannt)

3. Die Aufteilung in eine konkretistische/strukturalistische Systemdichtung sowie in einen neurealistischen Postmodernismus[33]

Die *Heretica*-Phase ist deutlich vom Symbolismus geprägt. Ole Wivel, eine zentrale Figur der 40er Generation, gibt von 1948 bis 1953 die gleichnamige Zeitschrift heraus, die sich stark an der Symbolistenzeitschrift *Taarnet* (1893-94)

---

[32] Ebd.
[33] Vgl. Glienke: *Dänische Literatur*, S. 239. Für seine Gliederung erhält Nielsen Zustimmung der Kollegen Torben Brostrøm und Thomas Bredsdorff.

orientiert. Deutliche Züge des Symbolismus' trägt insbesondere das Programm der Bewegung in ihren Anfängen, wie z. B. bei Paul La Cours *Fragmenter af en dagbog*. Ebenfalls in die spät- bzw. neusymbolistische *Heretica*-Phase gehört Karen Blixen, deren Wirken Glienke als „neu-romantischen Nihilismus"[34] bezeichnet. Dem gegenüber sind Peter Seebergs Texte durch einen existenzialistischen Nihilismus charakterisiert. Seine frühen Kurzgeschichten sind absurde Einzelstudien abstrakter Figuren in ebensolchen Landschaften und deutlich von schwarzem Humor geprägt. Seebergs Debüt *Spionen* (1954) gilt als Programmtext des Modernismus. Es handelt von einem jungen Mann, der in eine Radfahrergruppe aufgenommen werden möchte, aber alle damit verbundenen Abläufe scheut. „Die Gegensätze von outsider und insider, intellektuellem Voyeurismus und dumpfer Gruppenmentalität implizieren die Problematik des einsamen Künstlers in der Gesellschaft."[35] Ähnlich ist es bei Villy Sørensen (1929 - 2001), Dichter, Philosoph und zugleich einflussreichster Kulturkritiker Dänemarks seiner Zeit. Er entwickelt die phantastische Erzählung zur absurden Erzählung weiter. In seinen Texten ist bereits absehbar, was für die folgenden Phasen des Modernismus charakteristisch werden soll: absurde Ereignisse, die in Form raffinierter Sprachspiele wiedergegeben werden.

Die zweite Phase des Modernismus, die Konfrontationsdichtung, ist durch den Namen Klaus Rifbjerg geprägt. Wie viele seiner zeitgenössischen Kollegen ist er nicht nur als Schriftsteller aktiv, sondern macht sich neben

---

[34] Ebd., S. 246.
[35] Ebd., S. 247.

seiner Tätigkeit als Redakteur für *Vindrosen* auch als Rezensent für Tageszeitungen, Theater und Film einen Namen. Sein 1961 veröffentlichtes Gedicht *Camouflage* ruft wegen seiner Unverständlichkeit heftige Reaktionen beim Publikum hervor. Der Text präsentiert sich auf 80 Seiten ohne jegliche Interpunktion. Auf ebenso wenig Verständnis stößt 1963 Rifbjergs *Portræt*, das sich in den Mosaikzeilen eines Frauenbildes darstellt. Das Werk gilt wegen der Füllung einiger Seiten nach konkretistischen, seriellen Prinzipien bereits als Vorbote der Systemdichtung.

Die letzte Phase des Modernismus, einzuordnen in der 2. Hälfte der 60er Jahre, wird laut Nielsens durch die Systemdichtung eingeleitet. Zu dieser Zeit ist eine Reihe dänischer Dichter von der Idee formaler, sprachlicher Experimente erfüllt. Hintergrund ist der Einfluss, den die Konkrete Poesie ausländischer Autoren auf die dänischen Schriftsteller ausübt. Als jüngste Strömung der Moderne wird sie „kurz und heftig"[36] in der dänischen Literatur wirksam. Besonders die Vertreter des schwedischen und deutschen *Konkretisme* gelten als Vorbilder für die Systemdichter Dänemarks. Bezeichnend für die Konkrete Poesie ist, dass sie von sprachlichen Elementen (Wörtern, Silben, Buchstaben) als konkretem Material ausgeht. Diese werden von ihrer Funktion als Bedeutungsträger und von der Syntax entbunden und nach lautlichen Gesichtspunkten so miteinander kombiniert, dass ein neuer, sinnfreier und optisch-akustisch dargestellter Aufbau entsteht.[37] Larsen beschreibt die Konkrete Poesie als „puritanisk og lapidarisk, om end

---

[36] Ebd., S. 253.
[37] Vgl. Wilpert, Gero von (Hrsg.): *Sachwörterbuch der Literatur*, 7. verbesserte und erweiterte Aufl., Stuttgart 1989 (1. Aufl. 1955), S. 474.

ikke uden humor og følsom poesi."³⁸ Für die dänischen Systemdichter ist vor allem Eugen Gomringer literarisches Vorbild. Er hat 1953 mit der Veröffentlichung seines Gedichts *avenidas* den großen Durchbruch und gilt seitdem als ‚Vater' der Konkreten Poesie. Die von ihm geprägten Grundformen sind so genannte ‚Konstellationen' und ‚Ideogramme', die meist aus wenigen Begriffen bestehen, die so nach optischen Gesichtspunkten angeordnet werden, dass sie beim Leser bestimmte Assoziationen hervorrufen. Das System ist offen, das heißt, dass die Positionierung der Begriffe vertauschbar ist.³⁹ Im Gegensatz dazu zeichnen sich die von Gomringer bevorzugten Ideogramme durch ein geschlossenes System aus, das nicht nach Belieben verändert werden kann. Sein folgendes und wohl bekanntestes ‚Gedicht' ist ein gerne verwendetes Beispiel für jene Form der konkreten Poesie:

>   schweigen schweigen schweigen
>   schweigen schweigen schweigen
>   schweigen   schweigen
>   schweigen schweigen schweigen
>   schweigen schweigen schweigen ⁴⁰

Hier wird deutlich, dass die optische Anordnung Teil des Inhalts ist, dass es eine Übereinstimmung zwischen dem Visuellen und dem semantisch Gesagten gibt. Die leere Stelle in der Mitte des Textes übernimmt im vorliegenden Fall die direkte Inhaltsfunktion des Schweigens. Eine solche Reduktion der Sprache auf die individuelle Wortbedeutung und das Visuelle

---

[38] Larsen: *Modernismens tredje fase*, S. 20.
[39] Vgl. Schnauber, Cornelius (Hrsg.): *Deine Träume – Mein Gedicht. Eugen Gomringer und die konkrete Poesie*, Nördlingen 1989, S. 10.
[40] Ebd., S. 46.

fordert vom Leser ein neues, apperzeptives Wahrnehmen. In der Einleitung zu *Deine Träume – Mein Gedicht* macht Cornelius Schnauber den Charakter der Konkreten Kunst am Vergleich mit der Abstrakten Kunst fest: Während Letztere vom Gegenständlichen ausgehe und davon nur abstrahiere, habe sich die Konkrete Kunst selbst davon befreit. Sowohl das Material als auch die künstlerische Form würden völlig selbständig, seien keine Symbole mehr, sondern wollen nur sich selbst bedeuten.[41]

Gomringers Ideogramme haben vor allem Einfluss auf das Schaffen Nielsens und Højholts. Gerade für Letztgenannten sind sie durch ihre strenge Form eine Inspiration für das Verfassen eigener Figurengedichte. Nielsen bedient sich darüber hinaus zusätzlich streng mathematischer Modelle. Anhand von *ikke blot hende* wird deutlich, inwieweit sich Nielsen die Grundzüge der Mathematik für sein literarisches Werk zunutze macht – eine für die Systemdichtung charakteristische und häufig zu beobachtende Technik. Eine Analyse des Textes von Larsen zeigt außerdem, in welchem Maße die Systemdichter bewusst auf mathematische Formeln zurückgreifen und wie strikt und konsequent sie diese in ihre Gedichte einfließen lassen.[42]

Bengt Emil Johnson ist in Larsens Augen derjenige Lyriker, der von den schwedischen Vertretern der Konkreten Poesie den größten Einfluss auf die dänischen Systemdichter ausübt.[43] Sein Schaffen ist von einem systemorientierten Bewusstsein geprägt. Er bedient sich formeller Systeme, mit

---

[41] Vgl. ebd., S. 17.
[42] Vgl. Larsen: *Modernimens tredje fase*, S. 42-45.
[43] Vgl. ebd., S. 24.

deren Hilfe er seine Sprachwelten strukturiert, z. B. durch Vokalreihen wie sie in *Hyllningarna* (1963) zu finden sind. Die Methodik, mit der Johnson Laute und Sprache miteinander kombiniert, hat in erster Linie auf Højholt Einfluss. Auch die Dichtung Lars Noréns hinterlässt in Højholts Texten deutliche Spuren. Norén, so Larsen, lebe in einer schizophrenen, dichterischen Welt und weise vom literarischen Aspekt her Verbindungen zum Surrealismus auf. Die Bücher des Schweden gleichen großen Ansammlungen von Bildern und einem regelrecht chaotischen Strom von Vorstellungen, die sich zuweilen zu eigenständigen Texten vereinen, wie z. B. in *Den döda naturen i Genarp* (1968).[44]

Trotz des zweifellos großen Einflusses deutscher und schwedischer Lyriker auf ihre dänischen Kollegen, verstehen diese die Systemdichtung als eine eigenständige Version:

> Auch sie [die Systemdichtung] ist schriftthematisch, schriftmateriell ausgerichtet, auch in ihr findet sich das Mittel als Zweck, aber stärker als mit der paradoxen Reduktion des sprachlichen Zeichens auf seine akustische oder visuelle Ausdrucksseite (Signifikantendichtung) oder die bildliche Verdoppelung der Inhaltsseite beschäftigen sich die Dänen mit seriellen, strukturalen, systemischen Verfahren der Textherstellung und -steuerung [...].[45]

Den Systemdichtern geht es mit anderen Worten nicht einfach darum, mit minimalistischen oder sprachlichen Mitteln provokative Thesen zu postulieren, sondern sie bedienen sich (meist komplexer) streng

---

[44] Vgl. ebd., S. 29.
[45] Glienke: *Dänische Literatur*, S. 253.

strukturierter Gebilde um sich auszudrücken. In diesem Zusammenhang ist zu erwähnen, dass die Systemdichter stark von der bildenden Kunst sowie den modernen Medien wie Film und (Pop-) Musik beeinflusst sind. Larsen konstatiert, dass für einen Systemdichter nicht nur ein theoretisches Verständnis für Linguistik obligatorisch sei, nicht nur sprachästhetisches Wissen, sondern sie sollten darüber hinaus auch ein vollkommen unwissenschaftliches Gefühl für künstlerisches Schaffen besitzen.[46] So überrascht es nicht, dass sich Kirkeby auch als Maler einen Namen macht. Beeinflusst von der Pop-Art liegt in seiner Kunst eine Spannung zwischen Form und Auflösung. Kirkeby ist auch derjenige, der den Entropie-Begriff in die Systemdichtung einbringt. Der aus der Wärmelehre stammende Terminus bezeichnet das wissenschaftliche Gesetz, demzufolge Elemente in einem abgeschlossenen System zu Auflösung und zu Chaos tendieren.[47] Solche Spannungen sind nicht zuletzt auch in der Dichtung Christensens deutlich erkennbar, insbesondere in *alfabet*, wie sich später noch zeigen wird. Zwar zeichnet sich das Großgedicht von Beginn an durch einen streng systematischen Aufbau aus, am Ende löst es sich jedoch schlichtweg auf und hinterlässt Zerstörung und Chaos.

Anfang der 70er Jahre wird es um das Thema Systemdichtung stiller. Die Bedeutung der Gattung nimmt ab und auch in der Forschung wird die Systemdichtung kaum noch thematisiert. Stattdessen rückt zunehmend der

---

[46] Vgl. Larsen: *System og System er to ting*, S. 9.
[47] Der Begriff findet sich u. a. im Titel von Kirkebys Buch *I ørkenen møder Maigret entropien* (1968) wieder.

so genannte Neurealismus in den Vordergrund. Dieser ist jedoch nicht als Ablöser der Systemdichtung zu verstehen.[48]

> Denn beide opponierten um die Mitte der 60er Jahre gegen den esoterischen Symbol- und Konfrontationsmodernismus. Dieser sah sich damals zusätzlich sowohl von innen, durch Selbstzweifel, als auch von außen in Frage gestellt: durch die von dem Lagerverwalter Poul Rindal angeführte Bürgerbewegung des „Rindalismus", die kritisierte, daß der Staat mit Steuergeldern (einem Kunstfonds) unverständliche und irrelevante Schriftstellerei unterstützte. Neue Einfachheit und materialistische Grundlage als Gemeinsamkeiten von Neurealismus und Modernismus dritter Phase sind fragwürdige Postulate, da bei letzterem die Einfachheit hochartifiziell und die Materialität medial ist.[49]

Der Neurealismus im Dänemark der 70er Jahre umfasst solche Begriffe wie Bekenntnis-, Dokumentar- und Frauenliteratur sowie Neue Innerlichkeit. Die Darstellung des Einzelnen und des Privaten rückt in den Vordergrund und auch psychologische Aspekte spielen wieder eine größere Rolle. Mit dem Neurealismus eng verwandt ist der so genannte Dokumentarismus. Diese Form der Literatur basiert auf Recherchen, auf Fakten, die – wie es der Terminus bereits andeutet – dokumentierend geschildert werden. Es ist dem Schriftsteller Thorkild Hansen zu verdanken, dass der Dokumentarismus in Dänemark ein so hohes Ansehen genießt. Seine ‚Sklaventrilogie' (bestehend aus *Slavernes kyst* 1967, *Slavernes skibe* 1968 und *Slavernes øer* 1970), in der Hansen die dänische Kolonialwirtschaft kritisiert, gilt in der Literaturszene als Meisterwerk.

---

[48] Vgl. Glienke: *Dänische Literatur*, S. 257.
[49] Ebd.

Mit dieser Form des dokumentarischen bzw. neurealistischen Spätmodernismus, der bis in die 80er Jahre hinein vorherrscht, gilt das Kapitel Systemdichtung endgültig als abgeschlossen. Dass die Grenzen in diesem Zusammenhang jedoch nicht immer eindeutig gesetzt werden können, habe ich eingangs bereits angesprochen. Im Kapitel über Inger Christensens *alfabet* werde ich explizit darauf eingehen, dass es in Bezug auf die Kategorisierung von Werken der Systemdichtung einer individuellen Betrachtung bedarf, die von einer chronologischen Einordnung losgelöst betrachtet werden muss.

2.3 Systemtypen

Neben den mathematischen Systemen gibt es weitere Systemtypen, von denen sich die dänischen Dichter seinerzeit inspirieren lassen. Man spricht oftmals von Maschinen als Metaphern und vergleicht die in der Dichtung verwendeten Systeme mit Motoren, die mal für einen stärkeren, mal für einen weniger starken Antrieb sorgen.[50]

Die Systeme unterscheiden sich von den traditionell metrischen Modellen dadurch, dass sie einzigartig, individuell sind, dass sie etablierten, formalen Mustern abschwören. Zwar spricht nichts dagegen, sich anderer Systeme zu bedienen und sich solche zum Vorbild zu nehmen, jedoch reichen die

---

[50] Vgl. Larsen: *Modernismens tredje fase*, S. 61.

klassischen Modelle den Systemdichtern in dieser Phase schlichtweg nicht aus. Højholt versucht, diese einmalige Anwendung von Systemen metaphysisch zu begründen. Seiner Meinung nach könne der Text keine Teilansicht der Welt darstellen, wenn er zugleich die ganze Welt repräsentiere bzw. er könne nicht als Beispiel für eine Welt fungieren, wenn das System nicht einzigartig sei. Wäre das System einem anderen Autoren entlehnt, würde der Text in erster Linie den Verfasser repräsentieren und nicht das Anonyme, das Kollektive und somit das Ganze.[51] Nielsen kritisiert diese These massiv. Er ist der Meinung, dass die Systemdichtung eine Stilart von vielen sei und dass sich Per Højholts Texte leicht kopieren ließen und somit alles andere als einzigartig seien.[52]

Nimmt man die verschiedenen Systemarten genauer unter die Lupe, findet man schnell heraus, dass viele von ihnen eng an den Inhalt geknüpft sind. Der Text kommentiert sozusagen seine eigene Form. Larsen zufolge könnte das die Erklärung für die Einzigartigkeit solcher Texte sein: Oftmals können die Systeme vom konkreten Text nicht gelöst werden, ohne dass der ganze Text bzw. ein Großteil des Textes folgt. Die Entlehnung eines Systems komme somit einem Plagiat gleich.[53]

Im Folgenden möchte ich in aller Kürze auf die verschiedenen Systemtypen eingehen, wie Larsen sie in *Systemdigtningen. Modernismens tredje fase* einteilt. Er beginnt mit ‚Enkle og anskuelige systemer'. Diese einfachste Form zeichnet

---

[51] Vgl. ebd., S. 62.
[52] Vgl. ebd.
[53] Vgl. ebd.

sich durch eine Anordnung von Zeilen in einheitlichen Blöcken aus und gleicht somit der klassischen Einteilung in Strophen. Anhand von Jørgen Leths *Det ville glæde os* zeigt Larsen, dass solche Zeilensysteme durch repetitive Muster gekennzeichnet sind, indem bestimmte Elemente, in der Regel Zeilen und Buchstaben, wiederholt werden und durch nur geringfügige Veränderungen neue Verwendung finden. Als Paradebeispiel für eine Kombination aus einem Zeilensystem und der klassischen Strophenform nennt Larsen Inger Christensens Großgedicht *det*, genauer gesagt das Kapitel TEKSTEN mit dem Titel *transitiviteter*. Die acht Gedichte sind nach einem Zeilensystem aufgebaut, das die Zeilenzahl eines jeden Gedichts reguliert. Das System erinnert Larsen an die Auflistung in einer Rechnung. Im Gedichtband habe man jedoch den Eindruck eines komplizierten, aber zugleich geordneten Verlaufs.

> At læse frem i *transitiviteter* 1-8 bliver næsten som at stå på Hovedbanegården i København og følge meddeleleserne på lystavlerne i ankomsthallen, sætningerne løber ind og anbringes i en ganske bestemt orden efter et system, som kan eftervises, men ikke bliver det i farten.[54]

Ein weiterer Systemtyp sind die so genannten ‚Spillesystemer'. Bei ihnen stehen Metrik und Reim im Vordergrund. Nachdem die Modernisten jene klassischen Bestandteile der Lyrik über Jahre hinweg nahezu ignorierten, werden sie von den Systemdichtern wiederentdeckt, die mit metrischen Elementen zu experimentieren beginnen. Ein Beispiel dafür ist erneut in Christensens *det* zu finden, und zwar in Gestalt des Kapitels HANDLINGEN –

---

[54] Ebd., S. 65.

integriteter 1-8, dessen Aufbau an Jørgen Leths zuvor erwähntes *Det ville glæde os* erinnert. Jedes der acht Gedichte besteht aus fünf Teilen, die gleich aufgebaut sind und ungefähr denselben Inhalt haben. Hier das einleitende Gedicht, das die Abhängigkeit eines ‚Spillesystems' von Wiederholungen zeigt, die den Rahmen für ein solches System bilden. Die Wörter, die auch in den folgenden sieben Gedichten vorkommen, wurden von mir unterstrichen hervorgehoben:

<u>Inde i</u> den <u>første</u> fabrik <u>er der en anden, inde i den anden er der en tredje, inde i den tredje en fjerde etc.</u> fabrik

Inde <u>i</u> fabrik <u>nr. 3517</u> står der en mand ved en maskine

<u>I</u> fabrik <u>nr. 1423</u> står der en mand ved en maskine

<u>Mand nr. 8611 har hele tiden fablet om</u> frihed

<u>For enden af alle de forenede</u> fabrikker står der en mand og tjener penge[55]

Die nicht hervorgehobenen Wörter werden in den übrigen Gedichten durch andere Begriffe ausgetauscht, passen thematisch jedoch zusammen, wie z. B. *barak* für *fabrik* oder *freden* für *frihed* (Gedicht 2). Christensen schafft dadurch eine Reihe von „tvangssystemer",[56] die untermauern, dass sich ihre allgemeine und stets geäußerte Kritik und Entrüstung nicht gegen Eigentum

---

[55] Christensen, Inger: *det / das. Aus dem Dänischen von Hanns Grössel*, Münster 2002, S. 276 (Hervorhebung von mir, J. W.).
[56] Larsen: *Modernismens tredje fase*, S. 87.

oder wirtschaftliche Faktoren richtet (die zentralen Begriffe aus dem ersten Teil eines jeden Gedichts lauten in chronologischer Reihenfolge: *fabrik*, *barak*, *anstalt*, *parlament*, *kontor*, *bank*, *koncern* und *samfund*).

> Hvad hun er ude på, er ikke voldelig revolution med ny magtudøvelse, men sindets revolution og større hensyntagen og menneskelig forståelse. Det ses af hendes oprørsord: frihed, freden, samfund, fantasi, hensyn, retfærdig fordeling, den enkeltes ret til at leve sit eget liv.[57]

Larsen zufolge ist die Stärke dieser Gedichtreihe, dass ein System, über das im Text etwas ausgesagt wird, durch ein von der Autorin verwendetes, formales System seine Entsprechung findet. Dies sei eine besondere Form der Anwendung eines ‚Spillesystems', was nicht nur für Christensens *det* charakteristisch sei, sondern für die ganze Periode.[58]

Während die ‚Spillesystemer' etwas vollkommen Neues in der dänischen Dichtung darstellen, ist die Verwendung der Syntax als System ein bereits vielfach angewandtes und bewährtes Verfahren. Als besonders beliebt erweist sich bei den Systemdichtern das Formulieren (scheinbar) unfertiger Sätze, deren Schlussteil – optisch – verzögert nachgeschoben wird, damit der Satz inhaltlich noch einen Sinn ergibt. Als einfachstes und bei den Systemdichtern beliebtes Verfahren sei hier die Verwendung von Enjambements, einem gängigen, lyrischen Stilmittel, genannt. An dieser Stelle

---

[57] Ebd., S. 88.
[58] Vgl. ebd.

möchte ich einmal mehr ein Gedicht aus Inger Christensens *det* als Beispiel anführen, und zwar das 5. Gedicht aus *SCENEN – symmetrier*:

> Foran bjergene, og før bjergene
> planmæssigt brænder, brydes ned,
> opstilles huse, men bare huse
> som ikke er rigtige huse, men bare rigtige
> forsider af ikke rigtige huse,
> som alle nemt kan løbe ind i,
> når den kunstige regn begynder[59]

Für Larsen ist das Gedicht die perfekte Umsetzung eines Satzes in ein strukturiertes „underordningssideordningsmønster".[60] Als rhythmisch wiederkehrendes Element findet man hier zweimal die Formel *men bare ... som*, und zwar in zwei geschickt ineinander verschachtelten Nebensätzen. Darüber hinaus gibt es zahlreiche, weitere repetitive Elemente in Form von Wortwiederholungen oder in Gestalt der Anapher im ersten Vers. In Bezug auf das Metrum zeichnet sich das Gedicht durch eine Gewichtung auf dem Schlussteil der Strophe aus. Diese besteht aus einem einzigen Satzgefüge, dessen „rytmiske fornemmelse [...] skrider nedad".[61] Neben den bisher präsentierten Beispielen für Systemtypen zeigt dieses Gedicht einmal mehr, dass Christensen die formalistischste Autorin unter den Systemdichtern ist. Die von ihr gerne und häufig verwendeten Repetitionsmuster lassen sich an einem eigenen, weiteren Systemtypus festmachen, nämlich den so genannten

---

[59] Christensen: *det*, S. 54.
[60] Larsen: *Modernismens tredje fase*, S. 108.
[61] Ebd., S. 109.

‚Gentagelsessystemer'. Für alle bisher vorgestellten Systeme erweist sich die Verwendung von Wiederholungen als ein wesentliches und charakteristisches Merkmal. Larsen definiert ‚Gentagelsessystemer' als Systeme, die nicht in die anderen Systemmuster hineinpassen und außerdem ein eigenes System darstellen. Trotz dieser scheinbar eindeutigen Definition ist eine Abgrenzung zu den übrigen Systemtypen aus dem oben genannten Grund jedoch nicht immer einfach, wie Larsen zu Recht einräumt.[62] Als Beispiel für ein ‚Gentagelsessystem' folgen die ersten beiden Strophen von Christensens SCENEN – transitiviteter 4 aus *det*:

> Når der lige er lagt en sidste hånd på
> bjergene Når kontakten til stjernerne er
> endeligt installeret Når solen er bragt
> i stilling Og når afstanden til det hele
>
> er genoprettet Når regnen er dæmmet op
> i de svævende tanke Når de hvide ballon-
> skyer omsider er sluppet løs Og når op-
> drift og tyngde med helt er tvunget ind[63]

Durch das bewusste Auslassen jeglicher Interpunktion erscheint der Text wie eine lange Kette aneinander gereihter Nebensätze, die durch die Konjunktion *Når* eingeleitet werden. Das System lässt sich als eine Kombination aus einem syntaktischen System und einem ‚Gentagelsessystem' beschreiben: Die permanente Wiederholung von *Når* am Anfang eines jeden Nebensatzes ergibt

---

[62] Vgl. ebd., S. 115-116.
[63] Christensen: *det*, S. 68.

eine kontinuierliche Kette adverbieller Nebensätze. Das wiederum führt jedoch nicht notwendigerweise zu einer Anhäufung von *Når's*, denn die Nebensätze könnten durch jede beliebige Konjunktion eingeleitet werden. Das ist aber genau das, was dieses Gedicht als Exempel für ein ‚Gentagelsessystem' auszeichnet – die Eigenschaften eines syntaktischen Systems mit eingeschlossen. Die Verwendung solcher Repetitionsmuster erinnert an die Kehrreimtradition, der zufolge dieselbe Textpassage stets in einem neuen Kontext auftaucht und dadurch neue Bedeutungen entstehen.

Das Wiederholen längerer Textpassagen, nach dem Vorbild des Kehrreims (Refrains), findet man in vielen Werken von Systemdichtern. Es ist nicht zuletzt Christensen, die sich diese Technik in ihrem Opus *det* zunutze macht. Für Larsen ist es kein Zufall, dass sich die Systemdichter nur zu gerne Repetitionen bedienen:

> Repetitionerne skaber sprogkroppe, ekkorum for ordene, individuelle glosefærer, der ligger som kæmpe sneglhuse og toner. Man kan gå ind i dem og lytte, enkeltvis eller flere. Bestandig vil man høre genklang af sin egen stemme.[64]

Als letzten Systemtyp nennt Larsen die so genannten ‚Fortællesystemer'. Auch in diesem Fall sind die Grenzen zu den bereits dargestellten Systemen fließend. ‚Gentagelsessystemer', die auf Wiederholungsstrukturen aufbauen, seien beispielsweise auch eine Form von ‚Fortællesystemer', so Larsen.[65] Er gibt zu, dass es fraglich sei, ob man in diesem Zusammenhang überhaupt von

---

[64] Larsen, Steffen Hejlskov: *Sproget som et billede af Danmark*, Holstebro 1969, S. 173.
[65] Larsen: *Modernismens tredje fase*, S. 132.

einem eigenen System sprechen könne und tatsächlich wirkt Larsens Kategorisierung sehr gewollt. Der Vollständigkeit halber möchte ich im Folgenden dennoch kurz diesen Systemtypus skizzieren.

Einige Dichter nehmen sich die Sprache selbst als Beispiel für ein ‚Fortællesystem' zum Vorbild, wie z. B. in Form der oben erwähnten ‚Gentagelsessystemer'. Larsen setzt den Schwerpunkt allerdings auf Genres und Stilrichtungen, die von den Systemdichtern bevorzugt übernommen werden. Die Dichter richten sich in dem Zusammenhang insbesondere nach nicht-psychologischen Vorlagen:

> Systemdigtningen er bl.a. et oprør mod den »psykologiske« fortælling, man ønsker ikke at være bundet af vedtagne dybdepsykologiske mønstre, som på litteraturens område har fået karakter af konventioner, og her kommer triviallitteraturen og den romantiske tradition for brug af triviallitteratur til hjælp.[66]

Für Genres wie den Kriminalroman oder die Sciencefiction-Literatur, aber auch für Stilrichtungen wie die Romantik, sei es charakteristisch, dass sie von den Systemdichtern als Schablonen gebraucht werden: Der Handlungsverlauf ist von vornherein festgelegt und aufgrund dessen werden die Protagonisten mit einem bestimmten Charakter versehen, wie z. B. der Detektiv in einem Kriminalroman, der ein gewisses Gespür für (unauffällige) Ermittlungen vorweisen sollte. Dadurch, dass sich ein Systemdichter nach bestimmten Genres und Stilrichtungen richtet, könne er sich seine eigenen psychologisch-orientierten Schablonen schaffen. Wenn der Autor all das zudem in ein System integriert, manipuliere und produziere er neue Rollen und somit

---

[66] Ebd., S. 133.

auch ein neues Menschenbild.[67] In Bezug auf Stilrichtungen, die für die Systemdichter als Vorlage dienen, nennt Larsen das Barock, die Romantik sowie den Symbolismus. Das Barock ist die älteste Epoche, die sich die dänischen Dichter zum Vorbild nehmen, allen voran Inger Christensen.[68] Vagn Lundbye ist einer von zahlreichen Autoren, die sich von der Romantik inspiriert fühlen. *Frozen Warnings*, aus seinem Buch *Nico*, leitet er mit einem Zitat Steen Steensen Blichers ein und der gesamte Text wird im Stil des Romantikers fortgesetzt. Auch Christensens Kredo vom engen Zusammenspiel von Dichtung und Mathematik hat seinen Ursprung in der Romantik und ist bei Novalis entlehnt.[69] Hans-Jørgen Nielsen und Henrik Nordbrandt sind als zwei der Autoren zu nennen, deren Dichtung vom Symbolismus geprägt ist. Gerade Nordbrandts Gedichte sind von symbolbeladenen Elementen geradezu durchzogen. Er mache sich deren Klischee-Charakter zunutze, so Larsen. Nordbrandts Arbeitsmaterial, die Symbole, seien von vornherein inhaltlich so gut wie leer und daher könne ihnen all ihre Bedeutung genommen werden, wodurch sie zum Ausdruck von ‚Nichts' würden.[70]

2.4 Das Weltbild in der Systemdichtung

Nachdem ich bisher überwiegend auf die formalen Eigenschaften der Werke der Systemdichter eingegangen bin, soll in diesem Kapitel die inhaltliche Seite

---

[67] Ebd.
[68] Ihr Sonettenkranz *Sommerfugledalen* enthält besonders markante Elemente der barocken Literatur.
[69] Vgl. Braun, Michael: „Das verlorene Paradies", in: *Die Horen*, 43. Jg. (1998), S. 155.
[70] Larsen: *Modernismens tredje fase*, S. 142.

der Gedichte sowie die Autorenintention im Brennpunkt des Interesses stehen.

In Kapitel 2.1 habe ich auf die Aussage Nielsens aufmerksam gemacht, derzufolge die Systemdichtung eine neue Lebensauffassung vermittele und die Funktion eines ‚Wirklichkeitsgenerators' übernehme. Auch Larsen sieht in der Systemdichtung die Möglichkeit neue Modelle der Welt zu entwickeln. Graphisch lässt sich das so darstellen:

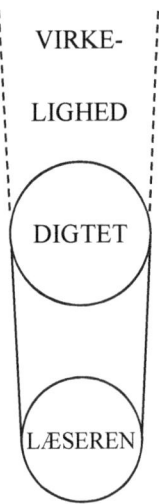

Die bisher unbekannte Wirklichkeit kann durch das Sprachnetz des Gedichts wahrgenommen werden und wird dem Leser mithilfe der verwendeten Wörter und dem dadurch vermittelten Inhalt bewusst. „Som en lyskegle gennem mørket kan systemdigteren føre sit digt og opdage følelser, livsholdninger og stemninger."[71] Die Systemdichter schaffen mittels ihrer Werke sozusagen alternative Welten. Mette Søeborg bestätigt diese Einschätzung Larsens und Nielsens. Ihrer Meinung nach liegt der Systemdichtung die Ausgangshypothese zugrunde, dass sich die Literatur auf der einen Seite als sprachliches Phänomen selbst repräsentiert, dass sie aber auf der anderen Seite auch den Anspruch hat, neue Weltbilder zu schaffen.[72] Doch wie sehen solche Welten aus? Das lässt sich sehr deutlich an Inger Christensens Großgedicht *det* festmachen: Mit dem Artikel *det* als Ausgangspunkt entwirft die Dänin einen utopischen Schöpfungsbericht über die Entstehung der Sprache und der Welt. Die Natur spielt dabei in *det* eine nicht unerhebliche Rolle. Gerade in den Werken Inger Christensens ist das (symbiotische) Verhältnis zwischen Natur und Sprache deutlich ausgeprägt. Wenn solche Gedichte neue Weltbilder produzieren, lässt sich Sprache nicht mehr nur das Gesprochene reduzieren, sondern es geht um mehr, um Zeichen, um Bilder, um Visionen. Treibt man diesen Gedankengang auf die Spitze, kann man daraus die Schlussfolgerung ziehen, dass es nicht mehr möglich ist, zwischen Sprache und Natur zu unterscheiden. „[S]proget bestemmer jo i vid udstrækning, hvad vi opfatter som natur, og hvad vi opfatter som artificielt."[73] Dieses Verhältnis von Natur und Künstlichem kommt in der ersten Strophe von Inger Christensens *SCENEN – transitiviteter 4* (s. Seite 36) auf besondere Weise zum Ausdruck. Die Dichterin stellt darin das Universum wie

---

[71] Larsen: *Sproget som et billede*, S. 168.
[72] Vgl. Søeborg, Mette: *Med sprogets proces. Diskurs og udsigelse i Inger Christensens forfatterskab*, Kopenhagen 1983 [unpubliziterte Magisterarbeit, Københavns Universitet], S. 3.
[73] Larsen: *Modernismens tredje fase*, S. 171. Larsen fährt wenige Seiten später fort: „systemdigtningen anskueliggør, [...] at der ikke er forskel på natur og kunst. Naturen er kunstfærdig og kunsten naturlig (dvs. som natur)." (Larsen: *Modernismens tredje fase*, S. 177.)

ein Labor dar: Die Sterne sind das Licht, das ein- und ausgeschaltet werden kann, die Insekten fliegen durch Windmaschinen angetrieben umher. Die Anspielungen auf die zunehmende Technifizierung unserer Gesellschaft, die zum Ende des vergangenen Jahrhunderts hin im Zusammenhang mit einem neuen Ökologieverständnis im Bewusstsein der Menschen immer präsenter wird, sind hier allzu deutlich. Eine solche Tendenz zum Aufgreifen und Verarbeiten aktueller Probleme, insbesondere im Hinblick auf das Thema Umweltzerstörung, sind in den Werken der Systemdichtung und nicht zuletzt insbesondere bei Inger Christensen deutlich auszumachen. Das zuvor angesprochene Gedicht der Dänin endet schließlich mit den Worten: „Taler personalet om skæbnen".[74] Unüberhörbar an dieser Stelle die zwischen den Zeilen stehende Kritik an der Menschheit, dass sie ihr eigenes Schicksal nicht selbst in die Hand nimmt.[75]

So einig sich die Systemdichter darin waren, Probleme der Gegenwart in ihren Werken zu thematisieren, so unterschiedlich waren ihre Auffassungen hinsichtlich der Strukturierung der Welt:

> Mens man i de klassiske rum og tidssystemer vidste, hvad der var før og nu, op og ned, frem og tilbage, er der ingen »naturlige« organiseringsprincipper. Man kan reagere på to måder over for dette, og begge reaktioner findes hos systemdigterne: Man kan acceptere kaos, dyrke det og forøge det med hallucinogener, der tilmed giver entropien et forførende og sagligt præg [...].[76]

---

[74] Christensen: *det*, S. 68.
[75] Larsen: *Modernismens tredje fase*, S. 172.
[76] Ebd., S. 174.

Letzteres trifft beispielsweise auf die Autoren Peter Laugesen und Johannes L. Madsen zu. Kirkeby, Lundbye und nicht zuletzt Christensen versuchen stattdessen neue Meinungen zu schaffen, indem sie auf eigenes Risiko und aus persönlichem Antrieb die Welt gänzlich neu strukturieren. Zwischen diesen beiden Gruppen gibt es weitere Autoren, die mal in die eine, mal in die andere Richtung tendieren, wie z. B. Nielsen, Leth, Nordbrandt oder Thorup.[77]

Für Larsen stellte die Systemdichtung, wie eingangs bereits angedeutet, eine Auseinandersetzung mit dem Modernismus dar. Dessen Vertreter reagieren auf eine Zerlegung der Welt, in der sie leben, indem sie das Subjekt hervorheben, das sozusagen die in Bruchstücke zerlegte Welt einsauge und sich gegen die Erlebnisse und Träume des Subjekts wende.[78] Die Systemdichtung hingegen gehe noch einen Schritt weiter und bestehe auf der Unmöglichkeit, an einem solchen Subjekt festzuhalten. Das Subjekt werde beinahe zu einer Durchgangspassage für die Sprache, so dass jegliche individuelle Identität verloren gehe, an der der Welt gegenüber festgehalten werden könne. „[I]dentiteten, hvis man overhovedet kan tale om en sådan, ligger i socialiteten, i sproget. Forfatterpersonen nedtones da også i den litteratur [...].“[79]

Doch was bedeutet all das für den Leser? Welche Auswirkungen hat das auf den Rezipienten, sich mit Werken der Systemdichtung zu beschäftigen? Es

---

[77] Vgl. ebd.
[78] Vgl. Søeborg: *Med sprogets proces*, S. 5.
[79] Ebd.

handelt sich bei der Systemdichtung um eine durchaus anspruchsvolle Gattung, die ihrem Leser viel Geduld abverlangt und gerade Literatur-Interessierte, die zum ersten Mal ein ‚Systemgedicht' rezipieren, nicht selten zur Verzweiflung treibt. Für Larsen kann die Systemdichtung daher auch nur eine Literaturgattung für eine Minderheit sein. „Systemdigtningen kræver af sin læser en meget stor følsomhed, ikke mindre end den ældre modernisme."[80]

Die Bereitschaft, sich intensiver mit Werken der Systemdichtung zu befassen, dürfte meines Erachtens das Literatur- sowie das Kulturwissen (nicht nur) eines jeden Nordistik-Interessierten bereichern. Die folgende Analyse und Kategorisierung von Inger Christensens Gedichtband *alfabet* betrachte ich, nicht zuletzt wegen der hohen Anerkennung, die der Text genießt, als geeignete Möglichkeit, sich der Systemdichtung in Gestalt von Christensens Gedicht zu nähern.

---

[80] Larsen: *System og System er to ting*, S. 9.

3 Inger Christensens *alfabet*

3.1 Datierung des Gedichtbands und Forschungsstand

Das Œuvre Inger Christensens gilt in Bezug auf die verschiedenen Gattungen, die es abdeckt, als breit gefächert. Es umfasst von der Lyrik, dem Roman, Hörspielen, Essays, Kinderbüchern bis zum Drama die unterschiedlichsten Literaturgattungen.

Nachdem die 1935 geborene Dänin durch die Heirat mit dem Dichter und Kritiker Poul Borum intensiven Zugang zur Lyrik erhält, debütiert sie im Alter von 27 Jahren mit dem Gedichtband *Lys*[81] als Schriftstellerin. Bereits ein Jahr später bringt sie den nächsten Gedichtband mit dem ebenso kurzen Titel *Græs* heraus. Während *Lys* als kosmischer Text bezeichnet werden kann, in dem die Natur als Metapher den Seelenzustand des Ichs beschreibt, steht in *Græs* – im bildlichen Sinne – die konkrete Natur im Mittelpunkt. An lyrischen Texten folgen u. a. 1969 das zuvor bereits mehrfach angesprochene Großgedicht *det*, zwölf Jahre später der Gedichtband *alfabet* und 1991 schließlich der Sonettenkranz *Sommerfugledalen*.[82] Ihr Romandebüt hat Inger Christensen in den sechziger Jahren mit *Evighedsmaskinen* (1964), gefolgt von ihrem zweiten Roman *Azorno* (1967).

---

[81] Inger Christensen ließ zuvor bereits ihre ersten beiden Gedichte *Regntid* und *Forvandling* wie viele andere Autoren in der Zeitschrift *Hvedekorn* abdrucken (Vgl. Pape, Lis Wedell: „Inger Christensen", in: *Danske digtere i det 20. århundrede II*, Kopenhagen 2001, S. 377.).

[82] Darüber hinaus soll das Kurzgedicht *Digt om døden* an dieser Stelle nicht unerwähnt bleiben. Der Text wurde 1989 in der Anthologie *Se døden i øjene* veröffentlicht und findet sich außerdem in der 1999 erschienenen Anthologie *Samlede digte* wieder.

Als Inger Christensen 1981 *alfabet* veröffentlicht, gilt die Zeit der Systemdichtung bereits als abgeschlossen. Dennoch wird das Werk von vielen der Systemdichtung zugeordnet. In diesem Zusammenhang muss man den Umstand berücksichtigen, dass Inger Christensen in der Hochzeit der Systemdichtung ihren ersten großen Erfolg (*det* 1969) verbuchen kann. Einerseits setzt sie durch ihr Schaffen der dänischen Literatur und somit der Systemdichtung ihren eigenen Stempel auf, andererseits wird sie zweifellos von den zeitgenössischen Autoren in ihrem Schreiben beeinflusst. Während ihre Debütwerke *Lys* und *Græs* dem Modernismus zugeordnet werden, hat sich Christensen, als *alfabet* in den frühen 80er Jahren als ihr fünfter und bisher vorletzter Gedichtband veröffentlicht wird, bereits als Autorin etabliert und ihren eigenen Stil gefunden.

Die Menge an Sekundärliteratur zu Inger Christensens Werken ist beachtlich, aber überschaubar. Zu *alfabet* gibt es nur wenige Arbeiten.[83] Für den Christensen-Interessierten ist es aber ein banales wie dankbares Faktum, dass er es mit einer Autorin zu tun hat, die noch bis in die 2000er hinein gelebt hat. Dies ist eine nicht zu unterschätzende Tatsache, hat die dänische Autorin sich doch in zahlreichen Interviews bereitwillig und sehr ausführlich über ihre eigenen Werke geäußert und dadurch verschiedene Missverständnisse ausräumen können. Ein für die Zwecke dieser Arbeit nahezu prädestiniertes und darüber hinaus sehr informatives Gespräch ist das zwischen Christensen und Neal Ashley Conrad aus dem Jahre 2000. Hierin

---

[83] Vgl. Depenbrock, Heike: „‚Alle Verdinglichung ist ein Vergessen' - Inger Christensens *alfabet*", in: *Skandinavistik*, 21. Jg. (1991), S. 18.

gibt die Autorin ausführlich über ihre wichtigsten Werke, ihre Arbeitsweise und über ihre philosophischen Ansichten Auskunft. Die Bereitwilligkeit Christensens, in Interviews über ihr Schaffen und ihre Texte zu reden, inspirierte Birgitte Subileau-Ivertsen unterdessen zu einer kuriosen Idee: In der Zeitschrift *Reception* (2002) führt sie ein fiktives Interview mit dem Gedichtband *alfabet*, den sie in dem Artikel personifiziert und konsequenterweise in der 2. Person Singular anredet.

Nach der Veröffentlichung von *alfabet* erscheinen vermehrt Publikationen, insbesondere in Zeitschriften, die sich mit dem Werk Christensens beschäftigten. Darunter sind einige recht ausführliche Analysen des Textes, in denen auch detailliert auf die Einzelgedichte eingegangen wird. An dieser Stelle ist Lis Wedell Pape zu nennen, die einen großen Teil zum besseren Verständnis von Inger Christensens Werken und nicht zuletzt auch von *alfabet* beiträgt. Sie zählt zu den Literaturforschern, die sich am ausführlichsten mit dem Œuvre der Dänin beschäftigen. Sie veröffentlicht seit den 90er Jahren zahlreiche Essays, die sich vor allem mit dem besonderen systematischen Aufbau von *alfabet* befassen, nämlich dem Verwenden der so genannten Fibonacci-Reihe und des Alphabets.[84]

Anfang der 80er Jahre (1983) veröffentlichen Birgit Abild und Lisbeth Bonde mit *Angst og system i „alfabet"* einen ausführlichen Aufsatz, in dem sie *alfabet* und *det* gegenüberstellen und auf wesentliche Themenbereiche, wie zum

---

[84] Tue Andersen Nexø attestiert Pape, als einzige einen seriösen Versuch unternommen zu haben, die Systeme in *alfabet* zu entschlüsseln (Vgl. Nexø, Tue Andersen: „Vækstprincipper. Systemernes betydning i Inger Christensens *alfabet*", in: *Passage 30* (1998), S. 89.).

Beispiel das Verwenden von Systemen, die Naturfrage und das Thema Angst, eingehen. Darüber hinaus fühlten sich auch hierzulande Philologen von Inger Christensens Werken dazu inspiriert, über ihre Gedichte Abhandlungen zu verfassen. In diesem Zusammenhang möchte ich Heike Depenbrock nennen, von der ich für diese Arbeit auf zwei Aufsätze zurückgegriffen habe (1991 bzw. 1993).[85]

Als letzte Abhandlung möchte ich Tue Andersen Nexøs Artikel erwähnen.[86] Im Gegensatz zu seinen Vorgängern überrascht Nexø den Leser mit neuen Erkenntnissen über Christensens Gedichtband, sodass man sich unwillkürlich fragt, warum seine Theorien bislang von keinem anderen Literaturforscher thematisiert wurden.[87] Darüber hinaus setzt sich Nexø deutlich kritischer mit bereits etablierten Meinungen und Thesen über Christensens Text auseinander. Dies ermöglicht dem Literaturinteressierten einen offeneren und zugleich objektiveren Blick auf das in der Sekundärliteratur zu *alfabet* bislang Gesagte und lässt vieles dadurch in einem neuen Licht erscheinen. Nexøs Artikel wird nicht zuletzt deshalb eine wesentliche Rolle bei der Ausarbeitung von Theorien und der Analyse von *alfabet* in dieser Arbeit spielen.

---

[85] Depenbrocks 1991 veröffentlichter Artikel *Reflexive Verfahren in Inger Christensens ‚alfabet'* ist für die Zwecke dieser Arbeit leider nur bedingt geeignet. Trotz interessanter Thesen und Ausführungen ist Depenbrocks Abhandlung schlichtweg fehlerhaft und daher kritisch zu betrachten (so gibt sie z. B. Zitate falsch wieder und ihr Aufsatz fällt durch eine umständliche Syntax auf).

[86] *Vækstprincipper – Systemernes betydning i Inger Christensens ‚alfabet'* aus der Zeitschrift *Passage* (1998).

[87] Mehr dazu im folgenden Kapitel 3.2.

3.2 Aufbau

Bevor ich im folgenden Kapitel mit der Analyse der einzelnen Gedichte und Strophen von *alfabet* beginne, möchte ich näher auf Form und Aufbau des Gedichtbandes eingehen. Hierbei stehen die beiden von Inger Christensen verwendeten Systeme im Mittelpunkt, die das Erscheinungsbild und die formale Ausgestaltung von *alfabet* prägen: die so genannte Fibonacci-Reihe und das Alphabet.

Christensens *alfabet* besteht aus insgesamt 14 Abschnitten. Deren Anfangsbuchstaben richten sich konsequent nach der Anordnung der Buchstaben im Alphabet; der 1. Abschnitt hat somit den Anfangsbuchstaben ‚a' (*abrikostræerne findes...*), der 2. Abschnitt den Anfangsbuchstaben ‚b' (*bregnerne findes...*) usw. Die Verszahl der Abschnitte nimmt hierbei chronologisch zu. Eine Ausnahme bildet der letzte Abschnitt, der aus weniger Versen als der vorangehende, dreizehnte Abschnitt besteht. Die Anzahl der Verse in den Abschnitten ist nicht willkürlich, sondern wird durch ein von der Autorin gewähltes, mathematisches System bestimmt, die sog. Fibonacci-Folge.[88] Das System besagt, dass in einer solchen Reihe jede Zahl der Summe der beiden vorangehenden Zahlen entspricht: 1, 2, 3 (= 1+2), 5 (= 2+3), 8, 13, 21... etc. Der 1. Abschnitt in *alfabet* besteht somit aus einem Vers, Abschnitt 2 aus zwei Versen, Abschnitt 7 aus 21 Versen usw. Die Fibonacci-Reihe ließe sich theoretisch bis ins Unendliche fortsetzen. Würde *alfabet*

---

[88] Die Fibonacci-Folge wurde vom italienischen Mathematiker Leonardo von Pisa (ca. 1180-1250) entwickelt.

konsequent bis zum Buchstaben ‚å' zu Ende geführt werden, müsste der letzte Abschnitt über eine halbe Million Verse umfassen (und zwar exakt 514.229). Dies würde zu einer schier unüberschaubaren Textmenge führen und so überrascht es kaum, dass der Gedichtband mit Abschnitt 14 ein abruptes Ende findet: Dieser müsste der Zahlenreihe zufolge normalerweise aus 610 Versen bestehen, erreicht jedoch nur die Verszahl 321 und ist somit sogar kürzer als der vorletzte Abschnitt mit seinen regulären 377 Versen.[89] Für Pape ist es paradox, dass gerade das System, das das Werk formt, es zugleich als Werk aufzulösen droht.[90] Die Tatsache, dass der Gedichtband ausgerechnet beim Buchstaben ‚n' abbricht, lässt vielerlei Deutungen zu. Zum einen ist der Buchstabe ‚n' das Zeichen für die Unendlichkeit, zum anderen entspricht der Buchstabe ‚n' der Mitte des dänischen Alphabets und könnte eine Anspielung auf die im Text angesprochene Halbwertzeit der Kobaltbombe sein.[91]

---

[89] Heike Depenbrock schreibt dazu: „Dieser Abbruch ist als solcher deutlich markiert, denn der durch die Fibonacci-Folge vorgegebene Umfang des Textabschnittes von insgesamt 377 Zeilen wird nicht erreicht." (Depenbrock, Heike: „Reflexive Verfahren in Inger Christensens *alfabet*", in: *Arbeiten zur Skandinavistik. 10. Arbeitstagung der deutschsprachigen Skandinavistik 22.-27.9.1991 am Weißenhäuser Strand (Texte und Untersuchungen zur Germanistik und Skandinavistik 32, hrsg. von Heiko Uecker)*, Frankfurt/M. u. a. 1993, S. 246-247.) Diese Aussage ist falsch. Denn es ist, wie oben erläutert, das vorletzte, 13. Gedicht, das aus 377 Versen besteht und sein Soll durchaus erfüllt. Depenbrock hat die Verszahl der beiden letzten Gedichte schlichtweg miteinander vertauscht.
[90] Vgl. Pape: *Inger Christensen*, S. 383.
[91] Vgl. Popp-Madsen, Mette: *Den talende tavshed – en analyse af Vagn Lundbye: Tilbage til Anholt, Hvalfisken, Den store by. Inger Christensen: Alfabet*, Kopenhagen 1986 [unpublizierte Magisterarbeit, Københavns Universitet], S. 48 u. S. 55.

Anne Marie Bjerg schließt aus dem Abbruch des Systems beim 14. Abschnitt, dass der Gedichtband eigentlich noch gar nicht abgeschlossen ist und zu einem späteren Zeitpunkt fortgesetzt wird. Dass dies ausgerechnet beim Buchstaben ‚n' geschieht, sieht sie im Inhalt des letzten Abschnitts begründet. Dort wird eine Szenerie geschildert, die der eines Orts nach einem Atombombenabwurf gleicht. Etwas Dagewesenes wurde zerstört und etwas Neues, Unbekanntes, Anonymes entsteht an genau derselben Stelle:

> N, eller nn, er også tegnet for den anonyme, den uden navn. Jeg'et, det skrivende jeg, viger for den eller de anonyme, overlader det til hvem som helst, til alle, til alles fortrøstning, håb og vilje, om skabelsen skal gå til grunde eller fortsætte.[92]

Inger Christensen selbst weiß all die Spekulationen über die möglichen Ursachen des jähen Abbruchs beim Buchstaben ‚n' aufzulösen und handelte offenbar getreu dem Motto „Man soll aufhören, wenn's am schönsten ist":

> Det var en deadline. Det er det, jeg plejer at sige. Det var punkt et. Derudover truede o, p, q, som – måske bortset fra p – på dansk ikke er så attraktive. Især ikke q. Det var bedre at holde op, menes legen var god.[93]

Die Fibonacci-Folge findet man auch in der Natur wieder. Sie dient als mathematisches Prinzip zur Berechnung biologischer Wachstumsprozesse, meist in Form von Spiralen sowohl in Flora als auch Fauna. Dies ist z. B. bei

---

[92] Bjerg, Anne Marie: „Alt er allerede til stede", in: *Luftskibet*, 2. Jg. (1982), Nr. 1, S. 53.
[93] Conrad, Neal Ashley: „Det svimlende punkt. Synsvinkler på forfatterskabet. Samtale med Inger Christensen", in: *Spring Nr. 18* (2002), S. 19.

Schneckenhäusern, der Schale des Nautilus, aber auch bei in Bäumen auftretenden Verzweigungen der Fall. Darüber hinaus dient die Fibonacci-Folge auch zur Berechnung der Proportionen des Goldenen Schnitts.[94] Die Verwendung eines solchen Systems in einem lyrischen Werk unterstreicht Inger Christensens Bestreben, sich durch die Natur auszudrücken. „Denne Chomskys sprogvision gav mig en fantastisk lykkefølelse. En ubeskrivelig vished om, at sproget er en direkte forlængelse af naturen. At jeg havde samme ‚ret' til at tale, som træet til at sætte blade."[95]

Der erste Abschnitt in *alfabet* ist aufgrund der Fibonacci-Folge nur sehr kurz. Er besteht aus einem einzelnen, einstrophigen Gedicht. Mit Abschnitt 7 (‚g') werden jedoch die einzelnen Gedichte in mehrere Strophen eingeteilt und mit Abschnitt 10 (‚j') in mehrere Gedichte. Hierbei kommt eine weitere Grundregel des Gedichtbands zum Tragen: Textabschnitte, die aus mehr als 13 Versen bestehen, werden in kleinere Einheiten aufgeteilt.[96] Abschnitt 7, der insgesamt aus 21 Versen besteht, wird demnach in ein Gedicht bestehend aus 7 Strophen eingeteilt, deren Verszahl chronologisch 1, 2, 2, 3, 3, 5, 5 ist. Die Länge und Reihenfolge der Strophen richtet sich auch hier nach der Fibonacci-Reihe, wobei die letzten drei Ziffern jeweils zweimal vorkommen. Hier liegt also eine Fibonacci-Folge in sich selbst vor. Außerdem

---

[94] Vgl. Popp-Madsen: *Den talende tavshed*, S. 65.
[95] Christensen, Inger: *Del af labyrinten*, Haslev 1992, S. 29. Christensens Enthusiasmus ist in der Kernaussage Noam Chomskys Transformationsgrammatik begründet, wonach es beim Menschen einen angeborenen Spracherwerbsmechanismus gibt, dessen Kompetenz sich auf der Basis grammatischer Universalien erklärt. Dadurch sei ein Sprecher dazu in der Lage, Sätze zu generieren, die theoretisch unendlich lang sein können.
[96] Eine Ausnahme bildet ein Gedicht in Abschnitt 13 und eins in Abschnitt 14, die jeweils aus 55 Versen bestehen.

verändern sich die Regeln, nach denen die Gedichte und Strophen in den folgenden Abschnitten aufgebaut sind. Der 8. Abschnitt (‚h') wird ebenfalls in sieben Strophen eingeteilt; hier herrscht dasselbe Prinzip wie im vorangegangenen Abschnitt vor, jedoch wird die Strophenzahl in der Fibonacci-Reihe um eine Stufe nach oben verschoben (2, 3, 3, 5, 5, 8, 8). Der Aufbau des folgenden Abschnitts (‚i') lautet: 3, 5, 5, 8, 8, 13, 13. Würde man dieser Ordnung bis in den nächsten Abschnitt (‚j') hinein folgen, so müsste dieser auf zwei Strophen zu je 21 Versen enden. Das ist jedoch wegen der oben erwähnten Regel, wonach Strophen, die mehr als 13 Verse haben, in kleinere Strophen eingeteilt werden, nicht möglich. Der 10. Abschnitt wird daher in zwei Gedichte aufgeteilt, die wie die Abschnitte zuvor nach dem Fibonacci-Prinzip strukturiert sind, wobei Gedicht 1 mit insgesamt 47 Versen aus nur fünf Strophen besteht, während die insgesamt 42 Verse in Gedicht 2 (*atombomben findes...*) auf vierzehn Strophen verteilt sind.

Mit Abschnitt 11 (‚k') erscheint eine Reihe von Gedichten, deren Länge und Platzierung sich zwar nach den bislang verwendeten Systemen richtet, deren Strophenbau jedoch von der Fibonacci-Reihe abweicht. Das erste Gedicht (*kærligheden findes...*) besteht z. B. aus einer 8-zeiligen Strophe und zwei 13-teiligen Strophen. Es folgen zwei Gedichte, die aus 7x3 Strophen bzw. 3x7 Strophen bestehen, während das letzte Gedicht (*brintbomben findes*) insgesamt 68 Verse lang ist (2, 2, 3, 3, 3, 3, 5, 5, 5, 5, 8, 8, 8, 8).

Die Länge und der strophische Aufbau der einzelnen Abschnitte und Gedichte in *alfabet* werden durch die Kombination mehrerer Systeme bestimmt. Die Regeln hierfür sind relativ einfach. Im Verlauf des

Gedichtbands werden die Abschnitte jedoch immer länger und somit auch komplexer. Das wirkt sich unweigerlich auf den Lesefluss aus, der immer unüberschaubarer und hektischer wird. Dies wird noch durch die Tatsache verstärkt, dass im ganzen Gedichtband nicht ein einziger Punkt als Interpunktionszeichen verwendet wird. Stattdessen wimmelt es von scheinbar mit loser Hand gesetzten Kommas und Semikolons.

> og [...] knittelversets 4-takt installerer en rullende, uophørlig puls i teksten, der uforstyrret dominerer samlingens første 9½ afsnit. Tilsammen skaber det en læseposition, der ikke blot fokuserer på læsningens nu, men hele tiden er på vej fremad.[97]

Nexø macht auf eine weitere, interessante Regel in *alfabet* aufmerksam, die seinen Kritikerkollegen scheinbar verborgen geblieben ist und auch erst bei genauem Hinsehen erkennbar wird: jeder erste Vers im ersten Gedicht eines jeden Abschnitts ('Buchstabengedichte') wird später im Gedichtband wiederholt. Und auch hier liegt wieder ein System zugrunde: zählt man die Verse in allen Buchstabengedichten zusammen, dann wird der erste Vers vom ersten Abschnitt ('a') als Vers 30 wiederholt (= drittletzter Vers in Abschnitt 6), der erste Vers des zweiten Abschnitts ('b') als Vers 60, der erste Vers von Abschnitt 3 als Vers 90 usw.[98]

Darüber hinaus gibt es eine weitere Umsetzung der Fibonacci-Reihe, die auch erst auf den zweiten Blick auffällt. Es wurde zuvor bereits gesagt, dass mit

---

[97] Nexø: *Vækstprincipper*, S. 81.
[98] Vgl. ebd., S. 79-80.

Abschnitt 7 die Gedichte in mehrere Strophen eingeteilt werden. Schaut man sich nun die Verszahl der jeweils ersten Strophen in den Abschnitten 7-12 an, so ist diese chronologisch 1, 2, 3, 5, 8 und 13. An dieser Stelle bricht die Fibonacci-Folge ab, getreu der Regel, dass Strophen, die mehr als 13 Verse haben müssten, in kleinere Strophen eingeteilt werden. Hier bleibt die Dichterin konsequent, denn die 1. Strophe in Abschnitt 13 (‚m') besteht aus einem Vers und die 1. Strophe des letzten Abschnitts (‚n') aus 2 Versen, womit die Fibonacci-Reihe wieder von vorn beginnt.

Sowohl Abild/Bonde als auch Pape sind der Meinung, dass es sich beim Alphabet und der Fibonacci-Folge um arbiträre Systeme handelt. Ein System als arbiträr zu bezeichnen, ist meines Erachtens von vornherein widersprüchlich, zeichnet sich ein System doch gerade durch einen organisierten und somit auch vorherbestimmten Aufbau aus. Beim Alphabet selbst ist bei der vorgegebenen Reihenfolge der Buchstaben aber kein organisatorisches Prinzip zu erkennen. Tue Andersen Nexø ist jedoch der Meinung, dass wir die Reihenfolge der Buchstaben im Alphabet als motiviert auffassen:

> Forsøger man fx. at sige hvert tredje bogstav i alfabetet uden – heller ikke mentalt – at gennemløbe de mellemliggende, eller prøver man hurtigt at gennemgå alfabetet baglæns, får man en fornemmelse af, hvor indgroet de gamle børneremser sidder i os.[99]

---

[99] Ebd., S. 89.

Indem Christensen die Reihenfolge des Alphabets und die Fibonacci-Folge für *alfabet* verwendet, bedient sie sich zweier Systeme, die die wohl grundlegendsten aller Systematisierungen darstellen und welche die Lebensgrundlage der menschlichen Zivilisation bilden: Die Buchstaben als Basis der menschlichen (Schrift-) Sprache sowie das Zahlensystem, ohne das das Leben in unserer Gesellschaft schlichtweg undenkbar wäre. Interessant ist in diesem Zusammenhang, dass die dänischen Wörter *tal*, *tale* und *sprog* denselben etymologischen Ursprung haben und diese daher mehr miteinander verbindet, als man vermuten könnte.

Abschließend möchte ich auf den Strophenbau und das Reimschema eingehen. Alle Strophen sind linksbündig, abgesehen vom Gedicht *det er temmelig nyt* in Abschnitt 13 sowie *det er noget særligt* in Abschnitt 14. Hier sind die Verse der bis auf zwei Ausnahmen vierzeiligen Strophen in jeder Strophe jeweils im Treppenmuster um mehrere Anschläge nach rechts versetzt, sodass sich ein deutlich anderes Bild im Vergleich zu den übrigen Strophen ergibt. Ganz aus dem Rahmen fällt das zweite Gedicht in Abschnitt 14, *her står jeg så ved Barentshavet*. Die Verse sind bis auf drei Ausnahmen am Ende des Gedichts zweigeteilt, und zwar so, dass sich zwischen dem vorderen und hinteren Teil in jeder Zeile so viel Zwischenraum befindet, dass der hintere Teil für sich linksbündig dargestellt wird.

Ein durchgängig angewandtes Reimschema ist in *alfabet* nicht vorhanden. Es gibt zwar eine Reihe willkürlich auftretender Endreime, die jedoch durch die zahlreich vorkommenden Wiederholungen (nicht zuletzt durch das Wort *findes*) zu erklären sind. In zwei Gedichten ist jedoch ein Reimschema erkennbar: In *følger nu søvngængerruten* in Abschnitt 13 treten – jedoch unregelmäßig – sowohl Paar- als auch Endreime auf, deren Verwendung vermutlich beabsichtigt ist. Das ausgeprägteste Reimschema findet sich ebenfalls in Abschnitt 13, im Gedicht *defolianterne findes*: Die achtzeiligen Strophen zeichnen sich durch einen umarmenden Reim im Mittelteil aus, der von zwei Paarreimen eingerahmt wird (*aa bccb dd*), während die darauffolgenden Strophen mit 13 Versen das Reimschema *aa bccb d ee ff gg* besitzen.

3.3 Inhalt

3.3.1 *abrikostræerne findes*

Der erste Abschnitt in *alfabet* ist, wie es die Fibonacci-Reihe erwarten lässt, einzeilig:

abrikostræerne findes, abrikostræerne findes[100]

Es sind lediglich zwei Wörter, die beinahe beschwörend, wiederholt werden und die in aller Einfachheit zum Ausdruck bringen, dass es Aprikosenbäume gibt. Weitere Informationen bleiben dem Leser verwehrt. So bleibt die Frage offen, ob von einer generellen Existenz von Aprikosenbäumen die Rede ist

---

[100] Christensen, Inger: „alfabet", in: Christensen, Inger: *Samlede digte*, Kopenhagen 2001, S. 393.

oder ob ihr Vorhandensein das Ergebnis einer Suche nach ihnen ist. Im anschließenden, zweiversigen ‚b'-Gedicht werden erneut Naturbegriffe sowie chemische Elemente aufgezählt (*brom, brinten*), teilweise wiederholt (*brombær, brombær*) und lediglich durch das Verb *findes* miteinander verbunden. Dieses Muster setzt sich auch in Abschnitt 3 fort, wo das Wort *cikaderne* als erster Begriff dreimal wiederholt wird. Mit dem Wort *cerebellum* (der medizinische Fachausdruck für das Kleinhirn) erhält schließlich ein neues Themengebiet in die monotone Aneinanderreihung von Substantiven Einzug.

In Abschnitt 4 tauchen erstmals abstrakte Begriffe und Wörter auf, die deutlich negative, fast deletäre Konnotationen hervorrufen:

> duerne findes; drømmerne, dukkerne
> dræberne findes; duerne, duerne;
> dis, dioxin og dagene; dagene
> findes; dagene døden; og digtene
> findes; digtene, dagene, døden[101]

Für Pape beinhaltet diese Strophe die Grundthematik des gesamten Gedichtbands:

> [...] det er i udspændtheden mellem det utopiske, det bevægelige (nemlig duerne, drømmerne, dagene) og det dystopiske, stivne(n)de (nemlig dukkerne, dræberne, dis, dioxin), alfabet bevæger sig, indskrevet under dødens og tilintetgørelsens synsvinkel.[102]

---

[101] Ebd., S. 396.
[102] Pape, Lis Wedell: „Fortælleligheder. Om tal og tale som system i Inger Christensens Det og alfabet", in: *Spring* Nr. 18 (2002), S. 131.

Im Gegensatz zum vergleichsweise positiven ersten Abschnitt wird spätestens im ‚d'-Gedicht aufgrund der gewählten Begriffe explizit eine Untergangsvision angedeutet, die Assoziationen mit einer durch Umweltverschmutzung zerstörten Welt (*dioxin, døden*) zulässt. Im weiteren Verlauf des Textes wird die Relation dieser beiden Elemente (Gedicht/Tod) noch deutlicher. Im ‚e'-Gedicht, wird die bislang monotone Auflistung von Substantiven durch eine Genitivkonstruktion (*erindringens lys*) aufgelockert. Die negative Grundstimmung aus dem vorherigen Abschnitt erfährt hier ihre Fortsetzung und zwar durch Begriffe, die Melancholie und Einsamkeit ausdrücken (*eftertanken, enrummet, ensomheden*). Bemerkenswert ist der letzte Vers des Gedichts: „og eddiken findes, og eftertiden, eftertiden".[103] Das letzte *findes* bezieht sich nicht auf *eftertiden*, sondern auf *eddiken*. Beinahe wie in Trance wird hier die Nachwelt erwähnt, als ob deren Existenz unsicher wäre und damit die Zukunft in Frage gestellt werden würde.[104]

Mit Abschnitt 6 werden die Verse syntaktisch deutlich komplexer. Die Verwendung von Präpositionen, Adjektiven und Pronomen erlaubt neue Satzkonstruktionen, so dass z. B. auch das Bilden von Relativsätzen möglich wird. Dadurch bedingt werden zum ersten Mal auch Begriffe genannt, die nicht mit dem ‚richtigen' Buchstaben beginnen, in diesem Fall mit einem ‚f'. So z. B. *abrikostræerne*, was in der in Kapitel 3.2 erwähnten Regel begründet liegt, derzufolge der erste Vers im ersten Gedicht eines jeden Abschnitts

---

[103] Christensen: *alfabet*, S. 397.
[104] Vgl. Kristensen, Sine Dalsgaard; Rudfeld, Henrik: „Hvad med naturen? – om de skiftende billeder af naturen i litteraturen", in: *LÆS*, 3. Jg. (1985) Nr. 3, S. 81.

später wiederholt wird. Während die Zeile als Einzelgedicht für sich allein stehend nur wenig Aussagekraft hatte, erhält der Leser hier kontextbedingt zusätzliche Informationen:

> og frugttræerne findes og frugterne i frugthaven hvor
> abrikostræerne findes, abrikostræerne findes,
> i lande hvor varmen vil frembringe netop den
> farve i kødet abrikosfrugter har[105]

Zu Beginn der Strophe werden zahlreiche Tiere aufgezählt (*fiskehejren, fiskene, fiskeørnen, fjeldrypen, falken*), wohingegen am Schluss Begriffe aus der Pflanzenwelt im Zentrum stehen. Dazwischen werden Wörter eingefügt, die sich nicht unter dem Oberbegriff ‚Natur' einordnen lassen und anscheinend eher beiläufig erwähnt werden:

> fissionsprodukterne findes og figentræet findes;
> fejlene findes, de grove, de systematiske,
> de tilfældige; fjernstyringen findes og fuglene;[106]

Es werden Fehler genannt, explizit ausgesprochen und mit chemischen Stoffen in Verbindung gebracht – allerdings nicht wie bisher in Form von Grundstoffen, sondern als *fissionsprodukterne*. Heike Depenbrock erkennt hierin eine höhere Abstraktionsebene, die kategorisiert und nicht mehr

---

[105] Christensen: *alfabet*, S. 398.
[106] Ebd.

einfach nur benennt.[107] Auch Nexø deutet dies als erste deutliche Anspielung auf eine mögliche (und selbst verursachte) Bedrohung unserer Zivilisation durch Kernwaffen und Kernenergie.[108]

Das ‚g'-Gedicht, das als 7. Abschnitt erstmals in mehrere Strophen unterteilt ist, belegt den Trend zu einem immer negativeren Unterton (glemslen, gråden, tilgroet, gold), der sich bis zu Konnotationen mit dem Tod steigert (geværerne, kemiske ghetto, gerningsstedet, et hvidkalket, gudsforladt lys) und durch die antagonistische Formulierung „geværerne, / med deres gammeldags, fredelige præcision"[109] eine gewisse Form des ‚Zynismus' erfährt. Besonders interessant sind die beiden Verse „og grenenes eneste tegning // af netop det træ der kaldes egetræet findes".[110] Sie unterstreichen Christensens Neigung, die Natur mit anderen Augen zu sehen, sie nämlich als Zeichen oder als Schrift aufzufassen. Die Zeichnungen werden in havegangens grus verdoppelt, indem sie als Schatten von den Bäumen zurückprojiziert werden. Abild/Bonde stellen hierzu fest:

> På denne måde korresponderer naturens egne "tegngivning" med den tegngivning, man finder i skriften, hvis den opfattes konkret som grafiske tegn på hvidt papir. Naturen besjæles og tildeles hermed evnen til en egenvilje, som jeg'et fortolker for den. Dette indebærer, at det mest kulturelle udtryk, sproget, indskrives som et stykke natur, fordi den menneskelige, sociale betydningsproduktion ligestilles med naturens reproduktion [...].[111]

---

[107] Vgl. Depenbrock: *Verdinglichung*, S. 6.
[108] Vgl. Nexø: *Vækstprincipper*, S. 84.
[109] Christensen: *alfabet*, S. 399 (Hervorhebung von mir, J. O.).
[110] Ebd.
[111] Abild/Bonde: *Angst og system*, S. 21.

Hans Rørdam Moestrup erkennt im ‚g'-Gedicht den Verlust der Fähigkeit des Ichs, die wachsende Informations- und Textmenge zusammenzuhalten und überdies zu verarbeiten. Die Einheit der Welt, deren Zusammenhalt, entwickle sich fortan zu einer utopischen Sehnsucht „og den genkommende 'findes' synes på én gang at fokusere på såvel naturens hensigtsmæssighed ('... netop det træ der kaldes egetræet findes' [...]) samt på egen forundring over samme."[112]

In der letzten Strophe wird einmal mehr der mögliche Zustand nach einem (Atom-) Bombenabwurf beschrieben:[113]

> gerningsstedet, døsigt, normalt og abstrakt,
> badet i et hvidkalket, gudsforladt lys,
> dette giftige, hvide, forvitrende digt[114]

Mit dem letzten Vers erfolgt darüber hinaus endgültig der Wechsel auf die metareflexive Ebene in Bezug auf die Rolle des Textes, der negativer kaum ausfallen kann.

In Abschnitt 8 kommt deutlich Christensens Vorliebe für die griechische Mythologie und die Bibel zum Ausdruck. Von Hades ist die Rede, dem Totengott und Beherrscher der Unterwelt, und auch Harmageddon aus der

---

[112] Moestrup, Hans Rørdam: *Inger Christensens lyriske forfatterskab. Identitetsopfattelsen i "Lys", "Græs", "Det", "Brev i april" og "Alfabet"*, Kopenhagen o. J. [unpublizierte Magisterarbeit, Københavns Universitet], S. 87.
[113] Vgl. Kristensen/Rudfeld: *Hvad med naturen?*, S. 82.
[114] Christensen: *alfabet*, S. 399.

Offenbarung des Johannes findet hier Erwähnung. Im Schlussteil zitiert Christensen schließlich eine Passage aus dem Vaterunser:

> hurtigt, hyacintisk i sit henfald livet,
> som i himlen således også på jorden[115]

Dieser Rückgriff auf kulturell fixierte Bildbereiche sowie die Metapher von „gifthelikopterens susende harpe over hyrdetaske"[116] zeichnen ein deutliches Bild von Tod und Zerstörung. „Die bisher nur latenten Antagonismen verfestigen sich zu einer hier noch unbestimmt bleibenden Wahrnehmung von einem unspezifisch feindlichen Anderen." [117] Deutlich werde dies, so Depenbrock, am erstmaligen Gebrauch des Pronomens in der zweiten Person Singular: „hele den heliocentriske dis der har drømt / disse hengivne hjerner, deres held". [118] Kristensen/Rudfeld stellen eine interessante Verbindung zwischen dem *gifthelikopter* und Gott her: „Gifthelikopteren spreder gift fra himlen, ned på jorden – døden er total, ingen og intet undslipper i sidste instans den kemiske udryddelse af 'ukrudt'."[119] Die ökologische Balance droht einmal mehr aus dem Gleichgewicht zu geraten. Die Verwendung des Hubschraubers als Metapher macht deutlich, dass Technologie und Industrialisierung der Natur den Garaus zu machen drohen. Die Tendenz ist eindeutig und entspricht der Richtung, in der das Gift auf die Pflanzen versprüht wird: abwärts.

---

[115] Ebd., S. 401.
[116] Ebd.
[117] Depenbrock: *Verdinglichung*, S. 8.
[118] Christensen: *alfabet*, S. 400 (Hervorhebung von mir, J. W.).
[119] Kristensen/Rudfeld: *Hvad med naturen?*, S. 82.

Die Strophen in Abschnitt 9 sind deutlich existenzieller und konkreter als ihre Vorgänger. Es ist von den lebenswichtigen Elementen wie *ilt* und *vand* die Rede, deren fortdauernde Existenz in Frage gestellt wird:

> martsbække findes, hvis bækkene findes;
> hvis ilten i bækkene findes, ilten
> især; findes især hvor cikadernes
> i-lyde findes, især hvor cikoriens
> himmel som blåelse opløst i vand[120]

Der einige Zeilen später vorgenommene Versuch des Ichs, Hoffnung aufkommen zu lassen („<u>vist</u> vil den findes, <u>vist</u> / vil vi vindes"[121]), will nicht so recht gelingen und lässt das Ich eher hilflos und verzweifelt erscheinen. Dass die Situation konkreter wird, zeigt sich auch an der Verwendung der 2. Person Singular („som dit blik gennem regn"[122]) sowie der 1. Person Plural („som rim vil vi findes, som vind vil vi findes"[123]). Hierdurch wird eine gewisse Distanz überwunden, die zu Beginn des Gedichtbands noch ausgeprägter war, jetzt aber zunehmend schwindet. Das Ich wird immer mehr in das Geschilderte involviert und wird letztlich eins mit dem Text. Anhand des Eisbären („stemplet som en pels / med personnummer findes den, idømt sit liv"[124]) wird „die Degradierung der lebenden Natur zu Objekten der Verwertbarkeit"[125]

---

[120] Christensen: *alfabet*, S. 402.
[121] Ebd. (Hervorhebung von mir, J. W.).
[122] Ebd.
[123] Ebd., S. 403.
[124] Ebd., S. 402.
[125] Depenbrock: *Verdinglichung*, S. 6.

deutlich. Die aus Abschnitt 4 übernommenen Begriffe („duerne findes; drømmerne, dukkerne"[126]) erscheinen hier in einem eindeutig negativen Kontext, bedingt durch das Ikaros-Motiv in der vorletzten Strophe:

> Ikaros-myten bliver således et billede på historien; på menneskets intellektuelle og tekniske stræben. Ikaros er inkarnationen af det vestlige menneske, og vi udfordrer (symboliseret i Ikarosskikkelsen) via intellektet naturen (og 'Gud'), stræber for højt og dør af det, hvis vi ikke ændrer kurs.[127]

Auch an dieser Stelle steht wieder deutliche Kritik am Umgang unsere Zivilisation mit der Natur. Nicht nur die Übernahme einer weiteren Gestalt aus der antiken Mythologie führt den Tod deutlich vor Augen,[128] sondern auch die gesamte letzte Strophe: Die Anspielung und Schilderung des Lebens nach einem Atombombenabwurf („mørket er hvidere, øjnene smelter"[129]) ist beängstigend realistisch und wirkt geradezu makaber:

> [...] men mørket
> er hvidt, siger børnene, paradismørket er hvidt,
> men ikke på den måde hvidt som en kiste
> er hvid, hvis kister da findes[130]

---

[126] Christensen: *alfabet*, S. 403.
[127] Kristensen/Rudfeld: *Hvad med naturen?*, S. 83.
[128] Dies erfolgt durch Erwähnung von Styx (Grausen), die älteste Tochter des Okeanos und der Tethys. Sie herrschte über einen Fluss, der sich durch eine wilde Schlucht in die Unterwelt ergoss, wo er sich neunmal um des Hades' Reich der Toten wand.
[129] Christensen: *alfabet*, S. 403.
[130] Ebd.

3.3.2 *atombomben findes*

Abschnitt 10 zeichnet sich aufgrund der Unterbrechung der Fibonacci-Reihe durch eine deutliche Zäsur aus. Der erste Teil, das ‚j'-Gedicht, beginnt wie ein typisches Buchstabengedicht: „juninatten findes, juninatten findes".[131] Es ist jedoch der einzige Vers in diesem Abschnitt, der nach diesem Muster aufgebaut ist.

Der vorangegangene Abschnitt enthält auffallend viele Umschreibungen die das Farbwort *hvid* enthalten. Diese sind deutlich negativ besetzt, tragen zu Beginn des 10. Abschnitts jedoch zu einem deutlich optimistischeren Bild bei:

> juninatten findes, juninatten findes,
> himlen omsider som løftet til himmelske
> højder og samtidig sænket så ømt som når
> drømme kan ses før de drømmes; et rum som
> besvimet, som mættet med hvidhed [...]
>
> aldrig var jordklodens hældning så dejlig,
> aldrig de zinkhvide nætter så hvide[132]

Die positive Grundstimmung ist jedoch nicht von langer Dauer. Mit der dritten Strophe erhalten erneut biblische Begriffe in den Text Einzug (*dine jakobsstiger*), und spätestens in der vorletzten Strophe des ersten Gedichts

---

[131] Ebd., S. 404.
[132] Ebd.

erzeugt das Ich – durch bewusst gewählte Metaphern Christensen – einmal mehr ein ernsteres und allzu pessimistisches Bild:

> [...] Jorden på vej
> med sin last af jasminer, med jaspis og jern,
> med jerntræpper, jærtegn og jubel, med Judaskys
> kysset i flæng og jomfruelig vrede i
> gaderne, Jesus af salt; med jacarandatræets
> skygge over flodvandet, med jagtfalke, jagerfly
> og januar i hjertet [...]
> så tung som en bombe; med hjemlige hjerner,
> med hjertefejl og hjertegræs og jordbær,
> med jerntræets rødder i den jordtrætte jord[133]

Im letzten Vers vor der Zäsur listet das Ich politisch-historische Orte auf („med Judenburg, Johannesburg, Jerusalems Jerusalem"[134]), bevor im zweiten Gedicht dieses Abschnitts die bisher meist nur angedeutete Bedrohung eines Atombombenabwurfs aufgrund historischer Fakten traurige Realität erlangt:

> atombomben findes
>
> Hiroshima, Nagasaki
>
> Hiroshima den 6.
> august 1945
>
> Nagasaki den 9.
> august 1945

---

[133] Ebd., S. 404-405.
[134] Ebd., S. 405.

> 140.000 døde og
> sårede i Hiroshima
>
> ca. 60.000 døde og
> sårede i Nagasaki[135]

Die Anonymität der Bedrohung wird aufgehoben, sie wird identifiziert, wahrnehmbar, nimmt konkrete Gestalt an und lässt sich nicht mehr leugnen. Das Gedicht ist das erste, das ein explizites lyrisches Ich hat,[136] durch eines der zahlreichen Enjambements im Gedichtband lakonisch eingeführt: „jeg står i // mit køkken og skræller / kartofler".[137] Dieser radikale Perspektivenwechsel, von einem Ort des Grauens hinein in eine gewöhnliche Küche, in den Alltag („børnene råber og / overdøver næsten / fuglene ude i / træerne"[138]), schafft einen Kontrast, der größer kaum sein könnte. Doch mit der letzten Strophe werden die beiden Ebenen wieder miteinander verschmolzen. Das Ich muss erkennen, dass die Bedrohung stets präsent ist und wird durch Dinge des Alltags daran erinnert:

> himlen der lyser,
> og lyset der næsten
> fra dengang har lignet
> atombombens ild
> lidt[139]

---

[135] Ebd., S. 406.
[136] Vgl. Nexø: *Vækstprincipper*, S. 84.
[137] Christensen: *alfabet*, S. 406-407.
[138] Ebd., S. 407.
[139] Ebd.

Der 11. Abschnitt beginnt mit dem wohl bedeutungsvollsten ‚k'-Wort: „kærligheden findes, kærligheden findes".[140] Das positive Bild aus Abschnitt 8 wird hier gleich zu Beginn wieder aufgenommen und angesichts einer immer stärker werdenden Bedrohung zu einer Art Optimismus verbreitenden Gegenpol.[141] Es zeigt sich jedoch schon bald, dass die Vorstellung von Liebe allein nicht ausreicht. Hier wird die negative Entwicklung zum ersten Mal als solche bezeichnet, indem in den Aufzählungen *findes* durch *forsvinder* ersetzt wird: „husdyr og hunde forsvinder; / tomater, oliven forsvinder, de brunlige / koner, der høster dem, visner forsvinder".[142] Depenbrock erkennt an dieser Stelle eine „Tendenz zu verstärkter Subjektivierung",[143] deren Verhältnis von zunehmender Entfremdung und Bewusstsein weiter an Konturen gewinne. Nach der Zäsur am Ende der dritten Strophe rückt das Individuum selbst in den Mittelpunkt:

> et sted bliver jeg pludselig født
> i et udtryksløst hus; når man
> skriger, giver væggene efter og
>
> haven, hvori man forsvinder, er
> blankslidt af snegle; man bader
> i ryk som en fugl[144]

---

[140] Ebd., S. 408.
[141] Vgl. Depenbrock: *Verdinglichung*, S. 11.
[142] Christensen: *alfabet*, S. 408.
[143] Depenbrock: *Verdinglichung*, S. 11.
[144] Christensen: *alfabet*, S. 410.

Wie im Rausch gibt das Ich seine – scheinbar unkontrollierten – Gedanken preis und zeichnet dadurch das Bild einer verwüsteten Welt, in der plötzlich schemenhaft ein Aprikosenbaum zu erkennen ist („et sted står et vildt / abrikostræ et øjeblik stille"[145]). Die Personifizierung des Baums geht mit der Fokussierung auf das Ich einher. Das hat zur Folge, dass eine Identifikation zwischen Baum und Ich stattfindet, „die sich in der Bildlichkeit des Textes immer mehr verstärkt."[146]

In den folgenden drei siebenzeiligen Strophen erhält erneut eine Küchenszene Einzug, ähnlich wie im Abschnitt zuvor. Diesmal ist es die Erinnerung an die verstorbene Großmutter, die Aprikosengrütze kocht. Durch eine Nebensächlichkeit, den Duft der Grütze, werden in dem Ich Erinnerungen wach und die Vergangenheit gegenwärtig:

> måske mens min bedstemor står
> som hun altid har stået i sit
> køkken og koger abrikosgrød;
> jeg ved hun er død, men duften
> er så stærk, at kroppen der sanser
>
> den, selv bliver en frugt;[147]

Wie im Abschnitt zuvor wird auch in dieser Küchenszene das Ich wieder in die Realität zurückgeholt, ausgelöst durch einen Schuss („hører man

---

[145] Ebd.
[146] Depenbrock: *Verdinglichung*, S. 12.
[147] Christensen: *alfabet*, S. 411.

skuddet"[148]). Und auch diesmal ist es wieder die Bombe, die die Oberhand gewinnt (Teil 2 des Bombenalphabets: <u>b</u>rintbomben findes...). Das Ich philosophiert im Folgenden über die Art und Weise zu sterben, darüber, dass ein natürlicher Tod Unendlichkeit als Fortdauern des Lebens impliziert. Es sieht darin die Möglichkeit, ein positives Gegenbild zu entwerfen,[149] bzw. den einzig möglichen Weg, dem Tod Paroli bieten zu können. Die Nähe und Unausweichlichkeit des Todes wird dem Ich am Ende des Abschnitts durch die Nennung der Atolle, in denen seinerzeit zahlreiche Atomtests durchgeführt wurden, erneut bewusst. Auch in diesem Teil des Gedichtbands gibt es erneut Hinweise auf die Zerstörung der Natur. Dies wird durch Anspielung auf eine bestimmte Bibelstelle deutlich:

> [...] en aften vi sidder til bords med
> lidt brød, et par fisk uden bylder og vand
> der med kløgt er forvandlet til vand [...][150]

Diese biblische Allusion macht sich die Autorin zunutze, um auf die massive Verunreinigung unserer Gewässer aufmerksam zu machen und mit dieser Gesellschaftskritik nichts Geringeres als den bevorstehenden Weltuntergang zu prophezeien.[151] Es geht hier schlichtweg um Angst, um Tod und Zerstörung. Wie in *det* stellt auch in *alfabet* die Angst eine Art Antriebskraft

---

[148] Ebd.
[149] Ähnlich wie in *Sommerfugledalen*.
[150] Christensen: *alfabet*, S. 408. Die Verse spielen auf Johannes 6, 1-15 an, die so genannte ‚Speisung der Fünftausend'.
[151] Vgl. Abild/Bonde: *Angst og system*, S. 16.

dar.[152] In *alfabet* steht ihr jedoch ein konkretes Objekt gegenüber: die Zerstörung, Vernichtung. Die Angst ist greifbar geworden, hat Gestalt angenommen. Die dadurch geöffnete Lücke wird durch die schauerlichsten Errungenschaften der Neuzeit geschlossen wie z. B. die Atombomben, Wasserstoffbomben oder die durch die Chemieindustrie verursachte Umweltverschmutzung. Die Angst vor einer globalen Bedrohung wird konkreter und rückt immer mehr in den Mittelpunkt.

Die Begriffe, mit denen Abschnitt 12 beginnt, sind nicht weniger essentiell, als die des Abschnitts zuvor: Es gibt *livet* und *luften* und „en lethed i alt, en lighed i alt".[153] Das Ich berichtet von einem Traum, in dem erneut ein Aprikosenbaum personifiziert und zusammen mit der häufig erwähnten Farbe Weiß genannt wird:

> der var ingen i drømmen jeg kendte,
> jeg fik kun et granskende blik
> fra et hvidt abrikostræ der vendte
> sig om, før det pludselig gik
>
> måske blev det glemt der en sommer,
> da verden var hvid som en fest[154]

Der Aprikosenbaum fungiert als Spiegelbild des Ichs in der Natur. Die letzten Verse räumen schließlich jeglichen Zweifel darüber aus:

---

[152] In *det* stellte die Angst noch eine Art existenzielle Grundbedingung dar. „Angsten fungerede heri som et hul, der optimalt udnyttet kunne skabe følsomhed og refleksion." (Abild/Bonde: *Angst og system*, S. 17.)
[153] Christensen: *alfabet*, S. 415.
[154] Ebd., S. 416.

> og før jeg forstod at en drømmer
> må drømme som træerne drømmer
> om frugter til sidst[155]

Im Teilabschnitt *sneen* dient der Schnee wie zuvor schon die Farbe Weiß als Metapher mit doppeltem Charakter, nämlich einerseits als positives, reines und Hoffnung verbreitendes Element, andererseits aber auch als Todesmetapher („sneen / er slet ikke sne / når den sner / midt i juni"[156]). Den nächsten Teil von Abschnitt 12, *nu ingen panik*, nennt Depenbrock ein „Tagebuchgedicht".[157] Es sorge für eine Verbindung der Faktoren Zeit und Bewusstsein. Die Angabe des Datums im letzten Vers („aften den sekstende juni"[158]) treibe die durch die nicht nummerierten Abschnitte unter 10 begonnene Subjektivierung fort.[159]

Im nun folgenden Teil *fra et tog* schildert das Ich Dinge, die es aus einem fahrenden Zug heraus zu beobachten glaubt („måske er det valmuer, måske / er det slukkede teglværk / en skov der kun delvis er / fældet"[160]). Für Depenbrock stellen die Strophen eine Gegenposition zur regressiven Haltung im Abschnitt zuvor dar. In der Passage mit dem Zug werde „die

---

[155] Ebd.
[156] Ebd., S. 417.
[157] Depenbrock: *Verdinglichung*, S. 13. Depenbrock nennt die Gedichte ‚Tagebuchgedichte', an deren Ende ein Datum angegeben wird. „Die Bezeichnung soll deutlich machen, daß ein im gesamten Text durchgängig präsentes, wenn auch in unterschiedlichem Maß greifbares Subjekt unterstellt wird, dem der gesamte Text von *alfabet* und v. a. die datierten Abschnitte zugewiesen werden." (Depenbrock: *Verdinglichung*, S. 26.)
[158] Christensen: *alfabet*, S. 419.
[159] Vgl. Depenbrock: *Verdinglichung*, S. 13.
[160] Christensen: *alfabet*, S. 420.

Perspektivierung der Wahrnehmung und das Moment des Schockerlebnisses als distanzschaffende, notwendige Voraussetzungen für Erkenntnis thematisiert."[161]

In dem zentralen Gedicht *cobaltbomben findes* greift das Ich die massive Kritik aus früheren Textteilen wieder auf. Zynisch berichtet es von der Wirkungsweise der Kobaltbombe und weist darauf hin, dass wir es sind, die Menschen selbst, die „sikrer at / skaden bliver størst / mulig".[162] Im Bewusstsein über das destruktive und gegen sich selbst gerichtete Verhalten der Menschheit hat sich das Ich scheinbar mit dem Tod abgefunden („jeg har lært jeg skal dø"[163]). Dies veranlasst das Ich dazu, sich zu wünschen, eins mit der Natur zu werden, z. B. in Gestalt eines Tiers: „tænk som / en fugl der bygger rede, / tænk som en sky, som / dværgbirkens rødder".[164] Denn insgeheim besteht für das Ich noch immer Hoffnung, dem Tod dadurch entkommen zu können:

>   [...] se med
>   hvilken lethed de
>   lister sig ind i
>   dit øre og hvisker
>   til døden om at gå[165]

---

[161] Depenbrock: *Verdinglichung*, S. 14.
[162] Christensen: *alfabet*, S. 422.
[163] Ebd., S. 424.
[164] Ebd.
[165] Ebd., S. 425.

3.3.3   *alfabeterne findes*

Abschnitt 13 beginnt mit der Schilderung einer bedrohlichen Situation („mørket / i grubernes gange og mælken der standser / i mødrenes bryster, en indgroet frygt"[166]), der das Ich durch Verdrängung entgegenzuwirken versucht: „tal snart om mildhed, tal snart om saltets / mysterium".[167] Die Bemühungen des Ichs fruchten jedoch nicht, die Bedrohung entwickelt sich vielmehr „zum endgültig drohenden Exitus, der hier zum ersten Mal nicht metaphorisch oder durch Hinweis auf historische Ereignisse angedeutet, sondern explizit genannt wird:"[168]

> som hvis brinten i
> stjernernes indre
> blev hvid her på
> jorden kan hjernen
> føles hvid
>
> som hvis nogen har
> sammenlagt tiden
> og presset den ind
> gennem døren til
> et rum[169]

---

[166] Ebd., S. 426.
[167] Ebd.
[168] Depenbrock: *Verdinglichung*, S. 14.
[169] Christensen: *alfabet*, S. 429.

Nach dem im letzten Gedicht erreichten Tiefpunkt stellt der Teilabschnitt *det er temmelig nyt* nicht nur bezüglich des Aussagegehalts der ersten Zeile, sondern auch optisch durch den völlig neuen Strophenbau einen Neuanfang dar. Das Ich ist darum bemüht, das hinterlassene (Gefühls-) Chaos in einer Art Gegenhandlung zu bewältigen und zwar mithilfe reflexiver, phantasievoller Gedankengänge:

> det er temmelig nyt
> at jeg hører cikaderne
> her hvor det er koldt
> og de derfor ikke findes
>
> måske er det den slags
> det altid er sket
> når lyset rejser nordpå
> og birken rejser med
>
> som når et rum fra en
> drøm på en rejse engang
> er netop det rum man
> kommer hjem og flytter ind i[170]

Doch auch in diesem Teil des Abschnitts ist der Tod nach wie vor präsent: „dødslejet / hvor den døde først rigtig / ligner sig selv / ved at dø fra de andre".[171]

---

[170] Ebd., S. 431.
[171] Ebd., S. 432-433.

Nach einer Zäsur folgt mit *følger nu søvngængerruten* eine von zwei Strophen, die entgegen der Regel mehr als 13 Verse haben. Mithilfe eines Traums ist das Ich darum bemüht, Erinnerungen hervorzurufen. *Søvngængerruten* „als Initationsritus führt schließlich zu Selbstvergewisserung und rückblickender Erkenntnis:"[172] „jeg taler med dukken / der ligner mig selv / om det man forstår / ved umisteligt held / det at vi pludselig / opstår og fødes".[173] In *defolianterne findes* kommt erneut die Kritik am Umgang mit der Natur zum Ausdruck. Elemente der Natur werden auf künstliche Art und Weise miteinander kombiniert und zu einer Waffe gegen die Natur selbst gemacht:

> defolianterne findes
> for eksempel dioxin
> der afløver træer og
> buske og ødelægger
> mennesker og dyr
>
> ved besprøjtning
> af afgrøder, skove
> opnår man løvfald
> og død midt i den
> frodigste sommer;[174]

Der Mensch ist auf dem besten Wege zu zerstören, was von Gott erschaffen wurde, jedoch ohne dazu in der Lage zu sein, es wieder aufzubauen.

---

[172] Depenbrock: *Verdinglichung*, S. 15.
[173] Christensen: *alfabet*, S. 435.
[174] Ebd., S. 436.

Angesichts des an dieser Stelle geschilderten Ausmaßes an Zerstörung gewinnt der Tod hier eine neue Qualität:

> selv døden bliver aldrig den samme som før
> den jordiske død som de jordiske dør
> nu tælles de ned nu tikker de løs
> mens jordbunden rasler præcis som den frøs
> i uendelighed
> uendelighed[175]

Die letzten vier Strophen enden alle mit den oben zitierten Schlussversen und korrespondieren dadurch inhaltlich mit der Fibonacci-Reihe, die, wie zuvor erwähnt, bei konsequenter Fortführung ins Unendliche gehen würde. Nach einer weiteren Zäsur folgt der Teil *alfabeterne findes*. Als einziger Textabschnitt schließt er explizit an den Titel des Gedichtbands an und verweist auf die Sprache als zentrales Thema. Christensens Vorstellung, dass die Sprache eine direkte Verlängerung der Natur sei, findet an dieser Stelle erneut und deutlicher denn je Ausdruck:

> jeg skriver som vinden
> der skriver med skyernes
> rolige skrift
>
> eller hurtigt over himlen
> i forsvindende strøg
> som med svaler
>
> jeg skriver som vinden[176]

---

[175] Ebd., S. 438.
[176] Ebd., S. 440.

Depenbrock weist auf die Abweichung des Numerus zwischen der Überschrift und der im Text verwendeten Form hin (*alfabet* vs. *alfabeterne*). Sie sieht darin einen Hinweis auf die „grundlegende Vorstellung einer Verbindung von Allgemeinem und Besonderem [...], die im Zusammenhang der Vermittlung von Subjekt und Objekt aufgerufen werden soll."[177] Die Pluralform stehe für die Schrift als Ausdruck des Lebens, für die Spur, die alles Leben in der Welt hinterlasse. Die Singularform hingegen verweise auf die Schemata, denen die besagten Spuren folgen.[178] In vier der letzten Strophen in Abschnitt 13 stellt das Ich Parallelen zwischen dem Schreibvorgang und dem Ablauf der Jahreszeiten in der Natur her: „jeg skriver som det tidlige / forår [...] jeg skriver som den barnlige / sommer [...] jeg skriver som et dødsmærket / efterår skriver [...] tværs / gennem tåget erindring / jeg skriver som vinteren / skriver som sneen / [...] og døden skriver".[179] Die Dichterin betont das Zusammenspiel zwischen dem Vorgang des Schreibens und dem fortlaufenden, sich selbst generierendem Leben, das auch den Tod berücksichtigt und die damit verbundenen Erinnerungen.

---

[177] Depenbrock: *Verdinglichung*, S. 16.
[178] Vgl. ebd. Depenbrock fährt fort: „Menschliche Sprache, im Text als Sprechen und Schreiben, erscheint als die besondere ‚Spur der Existenz' des Menschen, die der ‚Sprache' als überindividuellem Regelzusammenhang folgt. Als Produkt dieser besonderen menschlichen Weise, die eigene Existenz zu behaupten, entsteht ‚Schrift(liches)' als speicherbares ‚Gesprochenes', und das bedeutet zugleich auch ‚verarbeitete Welt'." (Depenbrock: *Verdinglichung*, S. 16.)
[179] Christensen: *alfabet*, S. 441.

> Die Zerstörung der Natur, der Welt bedeutet demnach auch die Vernichtung der Signifikatoren und wirkt so der Möglichkeit eines „Buchstabierens der Welt" entgegen. Denn nur die bestehende Welt, die Vielfalt der Arten und die immer weitere Entwicklung im Sinne einer Epigenese sichern weiterhin eine fortschreitende Erkenntnis der Welt. Während aber die Natur ihre Geschichte zum größten Teil durch ihre bloße Existenz zu sichern vermag, ist der Mensch im Hinblick auf die Verfügbarkeit seiner Geschichte und vor allem der Geschichte seiner Auseinandersetzung mit der Welt auf seine Erinnerung, sein Wissen angewiesen. Diese Erinnerungsleistung aber wird nicht mehr durch den Erinnerungsakt des Einzelnen geleistet, sondern ist angewiesen auf ein ‚kulturelles Gedächtnis', das diese Geschichte als Wissensvorrat speichert und verfügbar macht.[180]

Mit dem 14. Abschnitt (‚n') erreicht der Gedichtband seinen Höhepunkt. Er scheint das fertige Resultat eines Wachstums zu sein, auf den die ganze Zeit über hingearbeitet wurde.[181] Der Unterschied zu den vorangegangenen Abschnitten besteht darin, dass die Bedeutungen in diesem Gedicht nicht nur aus dem Aufbau des Alphabets heraus zu betrachten sind, sondern dass die Bedeutungen der Wörter in Verbindung zueinander stehen. Nachdem das Gedicht mit *nætterne* eingeleitet wurde, folgen die Begriffe *natskyggen*, *natsiden* und *navnløsheden*. Alle diese Wörter haben einen gemeinsamen Nenner, nämlich *mørket*.[182] Für Nexø gibt es keinen Zweifel, dass in *nætterne* die Sprache aus einer organischen Weiterentwicklung formbildender

---

[180] Depenbrock: *Verdinglichung*, S. 16-17.
[181] Vgl. Bødker, Marrian: „Ormenes tisken... – om Inger Christensens alfabet, 1981", in: Mai, Anne-Marie (Hrsg.): *Digtning fra 80'erne til 90'erne. Læsninger af ny dansk lyrik*, Kopenhagen 1993, S. 127.
[182] Vgl. ebd., S. 129. Folgt man Bødkers Argumentation, so liegt bereits im Abschnitt zuvor eine ‚Bedeutungsverwandtschaft' zwischen in einem Gedicht vorkommenden und miteinander verwandten Begriffen vor. Ich denke hierbei an die vier Jahreszeiten, die über mehrere Strophen hinweg Parallelen zum Schreibvorgang der Dichterin verdeutlichen sollen.

Prozesse heraus entstehe, die auch für die Existenz der Welt von Bedeutung seien.[183] Namenlosigkeit stellt hier die größte Bedrohung dar:

> hvori som lidt ild insekternes vingeløse
> Nike findes, og der hverken er sejr
> eller nederlag til, kun ingentings trøst;
> navnenes trøst, at ingenting kaldes ved
> navn, at navnløshed kaldes ved navn[184]

Namenlosigkeit bedeute in diesem Fall das Ende einer möglichen sprachlichen Annäherung an die Welt „auf der Grundlage kultureller Wissensspeicherung als manifest gewordener Geschichte sowohl der Welt wie auch ihrer Wahrnehmung."[185]

Was nun folgt, ist das optisch auffallende *her står jeg så ved Barentshavet*. Das Ich steht am Ufer und unternimmt eine fiktive Reise um den Erdball, versinnbildlicht durch das Aufzählen geographischer Orte („men bag Alaska / ligger så omsider Stillehavet"[186]). Am Ende kehrt das Ich schließlich zum Ausgangspunkt, *Barentshavet*, zurück. Der folgende Teil, *kanalen i Gävle*, nimmt das Bild der Zugfahrt aus Abschnitt 12 wieder auf. Die Perspektive in Abschnitt 14 ist jedoch distanzierter. Diesmal blickt das Ich aus einem Fenster auf einen Zug:

---

[183] Vgl. Nexø: *Vækstprincipper*, S. 85.
[184] Christensen: *alfabet*, S. 443.
[185] Depenbrock: *Verdinglichung*, S. 17.
[186] Christensen: *alfabet*, S. 445.

> før toget med et ryk går i gang
> og jeg snart kun vil huske den
> tomme perron [...]
>
> I min barndom et sted i et
> tørt uudryddeligt hus hvor
>
> jeg står ved et vindue og ser
> på toget i den silende regn[187]

Das nächste Gedicht handelt von der Dichterrolle und dem Verhältnis des Dichters zu seinem Werk. Im Zentrum stehen Tauben, die vom Ich durch ein Fenster hindurch beobachtet werden, aber sie stehen dennoch zueinander in Kontakt:

> der er noget særligt
> ved duernes måde
> at leve mit liv
> som en selvfølge [...][188]

Die Tauben leben das Leben des Ichs und das Leben des Ichs ist das Gedicht. Das Geschriebene ist das Leben und das Leben so selbstverständlich wie die Schrift:

---

[187] Ebd., S. 448.
[188] Ebd., S. 449.

> i dag da det regner
> og altid i regnvejr
> lander de blødt
> på husets gesims
>
> så tæt ved det hvide
> papir at de nemt
> kan se om jeg digter
> om duer eller regn[189]

Depenbrock weist auf Parallelen zwischen der Szene mit der Aprikosengrütze kochenden Großmutter aus Abschnitt 11 und dem Taubengedicht hin. Sie zeigen deutlich,

> daß das Bewußtsein für den Verlust und für die damit verbundene Unmöglichkeit ‚authentischen' Erlebens im Verfahren der reflexiven Kontemplation einen Grad der Annäherung an den Gegenstand ermöglicht, der den einer verlorenen, als ursprünglich angenommenen Authentizität an Komplexität und Intensität noch übertrifft. Nur dieses Verfahren bietet die Möglichkeit, die Trennung von Subjekt und Objekt aufzuheben, nicht als Rückkehr zum Ursprung als dem verlorenen Paradies der ‚Kindheit', sondern in Form einer *diskursiven Perspektive*, die die historische Entwicklung des Gegenstandes und seiner Wahrnehmung einschließt.[190]

Das Ich kommt schließlich zu der Erkenntnis, dass die Welt erst über die Sprache erfassbar ist:

---

[189] Ebd.
[190] Depenbrock: *Verdinglichung*, S. 18.

> det slog mig at digte
> om duer om regn
> må begynde i et æg
> i en svimlende dråbe[191]

Abild/Bonde weisen an dieser Stelle auf die erotische Komponente in *alfabet* hin.[192] Das Dasein sei stets mit dem Erotischen verbunden. In der Erotik gebe man sich als Subjekt auf („kødet overtager formuleringen, og kroppen taler sit eget sprog."[193]). In *det* nehmen Liebe und Erotik einen zentralen Platz ein, „som en af de tre muligheder, der gaves for at slippe ud af den sproglige virkelighedstvang (de to øvrige var excentritet og magi)."[194] Angesichts der Dominanz des Todesthemas spielt die Erotik in *alfabet* jedoch nur eine untergeordnete Rolle, denn sie wird von der Angst vor dem Tod regelrecht aufgesogen:

> se en morgenbleg stjerne
> glimter frem som en hjerne
> der næsten er udbrændt og brugt
> for diffus til at mindes
> en mands og en kvindes
> forening i vingeløs flugt
> i en duftende eng
> i en sommervarm seng[195]

---

[191] Christensen: *alfabet*, S. 451.
[192] Sie nehmen auf die folgenden Verse aus dem Teilabschnitt *det er noget særligt* Bezug: „en altid forelsket / og indviklet sporing / af mad og begær [...] en mumlen af lyst" (Christensen: *alfabet*, S. 450-451.).
[193] Abild/Bonde: *Angst og system*, S. 23.
[194] Ebd.
[195] Christensen: *alfabet*, S. 437.

Nach einer Zäsur gelingt in *nu går drømmerne* zum ersten Mal, was im Verlaufe des Textes bislang immer wieder beschworen wurde: Die vollkommene Vergegenwärtigung der Vergangenheit mit Hilfe der Erinnerung. Danach erhält die bevorstehende Katastrophe immer deutlichere Konturen. Die Dichterrolle findet hier zum letzten Mal explizit Erwähnung. Der Dichter erweist sich dabei als machtlos und regelrecht ohnmächtig:

> [...] mens maskinerne udtænker
>
> andre maskiner som om det var
> muligt at skjule at fremtiden
>
> ingenting skjuler i dag mens der
> ingenting sker mens jeg sidder
>
> et sted i min lejlighed nærmest
> apatisk i hvert fald alene med
>
> femten kilo hvidt papir [...][196]

Am Ende erscheinen Mensch und Tier gleichermaßen von Subjekten zu Objekten degradiert und vernichtet, und zwar wahrgenommen von Maschinen:

---

[196] Ebd., S. 455.

> [...] og regnen begynder
>
> at græde noteres et sted i det
> fjerne som regn på computerens
>
> tegning lidt infrarød stråling
> fra skoven der stadigvæk ryger
>
> er irrelevant og stråling fra
> dyr i bevægelse aftegnes ikke[197]

Der Text endet in einer Situation voller Grauen und Leid, die Katastrophe ist so akut wie nie zuvor. Jeder versucht, sich in Sicherheit zu bringen, alles ist zerstört. Nur die Kinder haben überlebt:

> en flok børn søger ly i en hule
> kun iagttaget stumt af en hare
>
> som om de var børn i barndommens
> eventyr hører de vinden fortælle
>
> om de afbrændte marker
> men børn er de ikke
>
> der er ingen der bærer dem mere[198]

Sie haben aufgehört Kinder zu sein. Ob aus Selbstschutz, um die Katastrophe überleben zu können, oder als logische Konsequenz daraus, geht aus dem

---

[197] Ebd., S. 456.
[198] Ebd.

Text nicht hervor. Christensen weist darauf hin, dass wir Erwachsene dazu neigen, Kinder in Hinblick auf das Erfassen der Wirklichkeit zu unterschätzen. „Men de kender virkeligheden. I deres lege transporterer de virkeligheden. Deres viden om at de skal have magt over tingene, for at finde fremtiden, er grundlæggende styret af deres afmagt."[199] Die Anzahl der Verse pro Strophe ist im letzten Abschnitt bezeichnenderweise rückläufig – analog zur inhaltlichen Entwicklung im Gedicht. Die Situation wird als egalisiert beschrieben, alles scheint wieder bei Null anzufangen. Lediglich einige Kinder und ein Hase haben überlebt. Von ihnen kann fortan ein neues Leben aufgebaut werden. Es ist interessant, dass es gerade ein Hase ist, der die wilde Natur symbolisierend beim Anblick der Kinder nicht in Panik die Flucht ergreift.

> Natur og mennesker kan i fremtiden have samme sprog – være hinandens samtalepartnere. Digtets system er uafsluttet/ufærdigt. Alfabetet går som bekendt til Å, ikke som her til N!. [sic] Dette brud giver rum for videre proces – her begynder et nyt system; i digtet og i verden.[200]

Der Zusammenbruch der Welt drückt sich somit im Zusammenbruch des (Fibonacci-) Systems aus. Die im Text durchgängig beschriebene Kriegsmetaphorik versteht Depenbrock jedoch nicht als plumpe Warnung vor einem bevorstehenden Atomkrieg, sondern als Anregung zum Dialog im Hinblick auf den selbstzerstörerischen Umgang des Menschen mit der Natur, dem technischen Fortschritt und einem daraus resultierenden Super-GAU.

---

[199] Christensen: *Del af labyrinten*, S. 69.
[200] Kristensen/Rudfeld: *Hvad med naturen?*, S. 89.

Der im Text mehrfach unternommene Versuch, dem endgültigen Ende durch den Vorgang des Erinnerns entgegenzuwirken, drückt sich nicht nur inhaltlich aus. Dies geschieht auch formal, und zwar durch das System der Fibonacci-Reihe als rekursive Folge, deren Dasein darauf basiert, dass sie permanent auf bereits dagewesene und verwendete Elemente zurückgreift. Der Schlusssatz schließt sich ebenfalls sowohl formal als auch inhaltlich an den einleitenden Vers von *alfabet* an. Formal, da es sich auch um eine Einzelzeile handelt, inhaltlich, da ein Zusammenhang zu den (Früchte tragenden) Aprikosenbäumen erkennbar ist. Im Gegensatz zu Kristensen/Rudfeld sieht Depenbrock im Schlussvers jedoch keine Hoffnung auf einen Neubeginn. Er sei vielmehr konträr zum Optimismus verbreitenden Eingangsgedicht (*abrikostræerne findes*). Nämlich ein Bild der Hoffnungslosigkeit.[201]

3.4 *alfabet* als Werk der Systemdichtung

Heike Depenbrock zufolge ist der Einsatz nummerischer sowie alphabetischer Konstruktionsprinzipien ein deutliches Merkmal der Systemdichtung der 70er Jahre.[202] Larsen würde dem kaum widersprechen und so ist es – oberflächlich betrachtet – nur konsequent und logisch, *alfabet* der Systemdichtung zuzuordnen. Doch wie lässt sich das mit einer so

---

[201] Depenbrock: *Verdinglichung*, S. 20.
[202] Vgl. ebd., S. 24.

extremen Position wie der Nielsens vereinbaren, demzufolge jegliche Form der Dichtung Systemdichtung sei?[203]

Die beiden von Christensen verwendeten Systeme, die Fibonacci-Reihe und das Alphabet, tragen dazu bei, in *alfabet* ein bestimmtes Weltbild zu entwerfen. Zwar ist *alfabet* ebenso wie *det* eine Art Schöpfungsbericht, während jedoch *det* einer Lobeshymne an die Entfaltungsmöglichkeiten unserer Existenz gleichkommt, sorgt sie in *alfabet* als apokalyptische Vision für ihren eigenen Untergang.[204] *alfabet* stellt, wie Christensens übrigen Gedichte, eine Art Testgebiet dar, eine experimentelle Ontologie oder ein ‚Ersatzuniversum', wie die Dichterin es selbst nennt. Kein ‚die Welt ist', sondern ein ‚stell dir vor, wenn...'.[205] Das Ziel und die Art und Weise, mit der die Systeme in *alfabet* verwendet werden, entspricht dem in *Sommerfugledalen* und *Brev i april*:

> Systemernes formål – deres betydning – er i alle digtsamlingerne at lade „noget andet" komme til orde, som hverken er sproget eller det lyriske subjekt, og strategien er i alle [...] samlinger at lade systemerne udgøre en art taktil strategi overfor læseren.[206]

An dieser Stelle kommt Larsens Definition von Systemdichtung ins Spiel. Zur Erläuterung der verschiedenen Systemtypen zieht er, wie in Kapitel 2.3

---

[203] Vgl. Fußnote 20 auf Seite 18. Høecks und Borups Überlegungen gehen wie bereits angesprochen in dieselbe Richtung (S.19 bzw. S. 18).
[204] Vgl. Pape: *Fortælleligheder*, S. 129.
[205] Vgl. Nexø: *Vækstprincipper*, S. 86.
[206] Ebd., S. 86-87. Mehr dazu auf Seite 92.

gezeigt, überwiegend Beispiele aus Werken Inger Christensens heran. Das zeigt, wie experimentierfreudig die Autorin ist, wie breit gefächert ihr Schaffen. Keiner ihrer Schriftstellerkollegen ist im Verfassen lyrischer Texte so vielseitig wie die Dänin. Die Art und Weise, in der Christensen Systeme in ihren Texten verwendet, verschafft ihr in der Systemdichtung den Status einer Außenseiterin. Nie zuvor kombinierte ein Dichter Systeme dieser Art in einem Werk miteinander wie in *alfabet*. Für Larsen ist die Systemdichtung darüber hinaus untrennbar mit einer schriftthematisierenden Dichtung verbunden. Er versteht das Verwenden von Systemen als Kritik am klassischen, lyrischen Subjekt und an der traditionellen ‚inbrünstigen' Lektüre des lyrischen Genres.[207] Der Fokus liege auf dem Verhältnis, wie es zwischen Schrift und Bewusstsein bestehe. Die Systeme erfüllten vorrangig den Zweck, inhaltsorientiertes Lesen zu unterbinden. Nexø zufolge passe *alfabet* in dieses von Larsen skizzierte Schema jedoch nicht wirklich hinein. Christensens Gedichtband sei nicht in erster Linie schriftthematisierend und es sei nicht das Hauptziel der in *alfabet* verwendeten Systeme, einer inhaltsorientierten Lesestrategie den Riegel vorzuschieben.[208]

Nexø lässt in seinem Aufsatz leider offen, was Christensens Gedichtband in erster Linie ist, wenn nicht schriftthematisierend. In zweiter Linie ist er es allemal, das wird man kaum leugnen können. Seine These, dass die in *alfabet* verwendeten Systeme nicht darauf abzielten, inhaltsorientiertes Lesen zu unterbinden, begründet er mit dem Vorhandensein eines ‚vektorisierten

---

[207] Vgl. ebd., S. 87.
[208] Vgl. ebd.

Jetzt'.[209] Hintergrund ist die Entwicklung der Systeme in *alfabet*: Am Anfang bewirken sie, zusammengehalten durch das stereotype Wort *findes*, das schlichte Auflisten von Begriffen in einheitlichen und übersichtlich strukturierten Strophen. Die Gedichte entwickeln sich danach mehr und mehr zu immer größer werdenden ‚Texthaufen', so dass der Leser zum Ende hin den Überblick zu verlieren droht. Während zu Beginn die formalen Elemente dominieren, wird das Werk zunehmend zu einem Text, in dem das lyrische Subjekt immer mehr die Oberhand gewinnt.[210] Dadurch werde eine Leseposition geschaffen, bei der nicht nur das Hier und Jetzt im Mittelpunkt stehe, sondern die sich permanent in einer Vorwärtsbewegung befinde. „Man kan sige, at tekstens nu er vektoriseret. Det er på en gang et punkt og et momentum, der presser læsningen videre."[211] Dieses Jetzt werde in einem Prozess vorangetrieben, dessen Ergebnis nicht vorhersehbar, sondern erst im Textverlauf erkennbar werde. Der Verlauf des Prozesses sei irreversibel und weder an zyklische noch an lineare Wiederholungsmuster gebunden.[212] Stattdessen gebe es ein ‚qualitatives Wachstumsprinzip', wonach nicht einfach nur immer mehr entsteht, sondern auch immer mehr Neues.[213] Die dadurch beim Leser hervorgerufene Leseerfahrung basiere auf einem Gerüst, das aus mehreren, miteinander verknüpften Elementen zusammengesetzt sei: den beiden im Text verwendeten Systemen, der metrischen Form, der Syntax,

---

[209] Vgl. ebd., S. 82.
[210] Vgl. ebd., S. 80.
[211] Ebd., S. 81.
[212] Nexø trifft in der Forschung mit dieser Haltung auf wenig Unterstützung. Viele seiner Kollegen sind der Meinung, dass sich *alfabet* durch eine zyklische, rekursive Struktur auszeichne (Vgl. Abild/Bonde: *Angst og system*, S. 15.).
[213] Vgl. Nexø: *Vækstprincipper*, S. 82.

den zahlreichen Alliterationen etc. Der Aufbau genau dieses Regelwerks bewirke beim Leser jene Leseerfahrung. Nexø schlussfolgert hieraus, dass die Systeme in *alfabet* nicht zu einer Blockade einer traditionellen, inhaltsorientierten Lesestrategie beitragen und dass sie ebenso wenig als allegorischer Code verstanden werden sollten, der mit dem passenden Schlüssel den Zugriff zur einzig richtigen Interpretation ermögliche. Sie etablieren beim Leser stattdessen eine neue, besondere Erfahrung ('das vektorisierte Jetzt'), die von einer speziellen Figur, 'dem qualitativen Wachstumsprinzip', gesteuert werde. Die Systeme haben eine Art 'taktiler Strategie' zur Folge, die der Text dem Leser gegenüber ausführe.[214]

> Strategi, eftersom systemernes effekt retter sig mod at påvirke læseren på én bestemt måde. Og taktil eftersom læseren følger og bliver berørt af teksten snarere end fortolker og forholder sig til den, idet han læser *alfabet*.[215]

Nexø weist auf die zeitliche Diskrepanz zwischen dem Erscheinen von Larsens *Systemdigtningen. Modernismens tredje fase* und Christensens *alfabet* hin. Es fürwahr nicht verwunderlich, dass Larsens Merkmale nicht hundertprozentig auf ein Werk zutreffen, das erst zehn Jahre nach seinem Buch erscheint. Nexø würdigt zwar Larsens Arbeit, lässt aber die Gelegenheit nicht aus, auf Unzulänglichkeiten in seinem Buch hinzuweisen. Er kritisiert unter anderem, dass Larsen die Systemdichtung mit anderen lyrischen Genres, wie z. B. der Konkreten Poesie, vermischt, mit der es zwar

---

[214] Vgl. ebd.
[215] Ebd.

deutliche Übereinstimmungen gebe, die mit der Systemdichtung aber keineswegs identisch sei.[216]

> [...] det er i det hele taget et åbent spørgsmål om brugen af systemer i digtningen skal ses som et konstitutivt træk ved en genre eller snarere skal opfattes som én blandt flere lyriske teknikker, der er dukket op efter modernismen, men som i øvrigt kan bruges på mange forskellige måder.[217]

Betrachtet man rückblickend die Systemdichtung der 60er Jahre, dann ist diese durch eine besonders ‚trockene', bildarme und minimalistische Schriftpraxis gekennzeichnet. Ihr Ziel ist eindeutig: Die Texte sollen ihrer Bedeutung beraubt werden. Die Dichtung richtet sich gegen den im früheren Modernismus verankerten Glauben, das Gedicht sei ein Ort für besonders tiefsinnige oder authentische Erfahrungen. Die in den Werken verwendeten sprachlichen Systeme stellen die Grenzen des Bewusstseins dar:

> bevidstheden har ikke adgang til andet end sproget, har blot adgang til sproget, der derfor kan opfattes som murene i et fængsel, som det er umuligt at slippe ud af, og som man højst kan bygge om på. Systemernes repetitive spor i teksterne henviser læseren til dette „negative" poetologiske standpunkt, og har i den forstand først og fremmest en *afslørende*, *ideologikritisk* funktion – de afslører fiktionen om subjektet og digtningens forankring i en førsproglig verden, og kobler sig i den forstand til hele neo-avantgardens projekt.[218]

---

[216] Vgl. ebd., S. 87.
[217] Ebd.
[218] Ebd.

Nexø stellt alternative Literaturströmungen vor, z. B. die französische Literaturgruppe OULIPO.[219] Auch bei ihr sei die Sprache von einer vorsprachlichen Welt losgelöst. Das menschliche Bewusstsein sei jedoch nicht dazu imstande, das vollständige Bedeutungspotenzial aufzudecken, das immanent in der Sprache enthalten sei. Die Sprache sei größer als das menschliche Bewusstsein, enthalte mehr Möglichkeiten als die in unserem Alltag benötigten und in der Literatur bisher angewandten. Eine weitere, dritte Möglichkeit, Systeme in der Literatur anzuwenden, ist die des italienischen Autoren Italo Calvino. Er verwendet Systeme in Form von Werkzeugen, mit dem Ziel, bei der Erforschung der Welt eine Art phänomenologischer Abwandlung zu sichern.[220] Nexø hält Christensens Werke für Beispiele einer Dichtung, in der Systeme vorrangig dazu verwendet werden, Prozesse in der Natur darzustellen, in der die Natur fest in der Sprache verankert ist. „En form for *naturfilosofisk* brug af systemer i digtningen, om man vil."[221]

Nexø ist sich darüber im Klaren, dass die Grenzen zwischen den von ihm skizzierten Systemtypen fließend sind. Es steht für ihn jedoch außer Frage, dass sich *alfabet* mit einer schriftthematisierenden Lyrik wie der Systemdichtung nicht in Einklang bringen lasse. Ob es in diesem Zusammenhang ratsam sei, die Systemdichtung als eigene Gattung zu bezeichnen oder ob

---

[219] OULIPO ist die Kurzform für *Ouvroir de Litterature Potentielle* (Vgl. Nexø: *Vækstprincipper*, S. 87.).
[220] Vgl. Nexø: *Vækstprincipper*, S. 87-88.
[221] Ebd., S. 88.

man Systeme eher als ein in der Lyrik verwendetes technisches Mittel betrachten sollte, lässt Nexø offen.[222]

Bei allem Respekt vor Nexøs Ausführungen bin ich der Meinung, dass seine Argumentation kritisch zu betrachten ist. Eine ganze literarische Strömung in Frage zu stellen, halte ich für sehr gewagt. Gewiss sind die Grenzen zu andern Gattungen fließend, aber der Begriff Systemdichtung hat sich nicht umsonst als solcher etabliert. Die Art und Weise, wie Systeme in Werken der dänischen Dichtung angewandt werden, ist für diese Strömung zweifellos charakteristisch. An dieser Stelle darf auch nicht übersehen werden, dass das genau das ist, was die Grundlage für die Definition einer literarischen Strömung bildet: Das massive Auftreten ähnlich charakterisierbarer Werke innerhalb eines bestimmten Zeitraums in einer bestimmten Landessprache. Dass die Entstehung von *alfabet* außerhalb dieses zeitlich gesetzten Rahmens liegt, habe ich bereits angesprochen. Würde man die Definition von Systemdichtung ausschließlich chronologisch auslegen, schien jede weitere Überlegung, Christensens Text diese Strömung einzuordnen, überflüssig. Hier dürfen die früheren Arbeiten der Dänin jedoch nicht unberücksichtigt bleiben. Christensen veröffentlichte ihre ersten Werke bereits in den 60er Jahren und ihr Gedichtband *det* gilt als Hauptwerk der Systemdichtung. Gert Kreutzer hält es dagegen für problematisch, *det* ohne weiteres der Systemdichtung zuzuordnen.

---

[222] Vgl. ebd.

> Inger Christensen benutzt zwar das Forminventar der Konkreten Poesie und der Systemdichtung, doch nur als ein Ausdrucksmittel unter anderen, nicht in der Reinheit (oder Sterilität) der Programmatiker. Bei ihr spielen diese Formen ihre Rolle in einem unauflösbaren Inhalt-Ausdruck-Gefüge, weisen über sich hinaus auf das Ganze, nicht als der eigentliche Inhalt auf sich selbst zurück.[223]

Es stellt sich die Frage, ob das Gleiche auf *alfabet* zutrifft. Dass sich Christensen in ihrem Gedichtband des Forminventars der Konkreten Poesie und der Systemdichtung bedient, halte ich für hinreichend erwiesen. Des Weiteren bin ich der Meinung, dass das Alphabet und die Fibonacci-Reihe als die von ihr gewählten Systeme die dominierenden Ausdrucksmittel in dem Text sind. Sie bestimmen nicht nur Form, Umfang und Länge der Gedichte, sondern haben auch Einfluss auf deren Inhalt.[224] Lässt man die zeitliche Einordnung des Werks unberücksichtigt, steht es für mich außer Frage, Christensens *alfabet* der Systemdichtung zuzuordnen. Allzu deutlich sind meines Erachtens die Merkmale, die einen Text dieser Strömung auszeichnen, in dem Gedichtband vorhanden. Wenn man jedoch auf der zeitlichen Einordnung des Werks beharrt, dann sollte die Frage gestattet sein, ob ein Text von einem Umfang und mit einem Aussagegehalt wie *alfabet* überhaupt systematischer sein kann –

---

[223] Kreutzer, Gert: „System und Prozeß. Zur Form von Inger Christensens *Det*", in: *Skandinavistik*, 5. Jg. (1975), S. 115.

[224] Beispielsweise durch die von Christensen angewandte Regel, dass der erste Vers im ersten Gedicht eines jeden Abschnitts später in der Sammlung wiederholt wird. Dadurch ist der Inhalt – an ausgewählten Stellen erneut vorkommend – vorherbestimmt (Vgl. S. 33). Auch aufgrund der Tatsache, dass das als Alphabet gewählte System ausschließlich Begriffe mit entsprechendem Anfangsbuchstaben gestattet, werden nur bestimmte Inhalte zugelassen.

denn dann könnte die von Larsen gewählte Gattungsbezeichnung treffender nicht sein und diese den Text als das beschreiben, was er letztendlich ist: System-Dichtung.

4 Fazit

In *alfabet* wird einmal mehr deutlich, was für das gesamte Œuvre Inger Christensens symptomatisch ist: das Beschreiben des Unmöglichen. Die Absicht etwas Unaussprechliches auszudrücken setzt unterdessen voraus, dass man an etwas glaubt, was mit Worten nicht beschrieben werden kann, eine extra-sprachliche, metaphysische Wirklichkeit.[225] Solche Gedanken scheinen bei Christensen zweifellos sehr ausgeprägt zu sein:

> Der er nogle få ganske få ting, det er værd at snakke om – og dem snakker vi ikke om. Dem *kan* vi ikke snakke om. F.eks. livet, døden og kærligheden. […] Vi taler ikke om det, vi ikke ved noget om, om det vi ikke kan gøre noget ved, det, vi ikke kan se. Men det er det, der fascinerer os.[226]

Um das Unsagbare zu formulieren bedient sich Christensen einer Sprache, die es nicht gibt. Dies geschieht in Form einer Lyrik, die nach systematischen Gesichtspunkten präziser kaum durchstrukturiert sein kann. Im Fall von *alfabet* ist es ein Mix aus unterschiedlichen Systemtypen, die Larsen als charakteristisch für die Werke der Systemdichtung beschreibt.[227] Ebenso charakteristisch für die Systemdichtung wie für *alfabet* ist das Erzeugen neuer Welten. Die Dichtung macht deutlich, dass es keinen Unterschied mehr zwischen Natur und Kunst gibt: „Naturen er kunstfærdig og kunsten naturlig

---

[225] Vgl. Popp-Madsen: *Den talende tavshed*, S. 1-2.
[226] Christensen: *Del af labyrinten*, S. 32.
[227] Neben der Fibonacci-Reihe als mathematisches System zeigt *alfabet* die Merkmale der von Larsen vorgestellten ‚Enkle og anskuelige systemer' und ‚Gentagelsessystemer'.

(dvs. som natur)."[228] Das wird in *alfabet* auf beeindruckende Art und Weise dadurch explizit, dass der Zusammenbruch der Welt mit dem Zusammenbruch des von der Autorin gewählten Systems einhergeht, einer mathematischen Regel, die für die Beschreibung von bestimmten Naturphänomenen relevant ist.[229]

Wie in Kapitel 2 dargelegt, lässt sich der Terminus ‚System' in Bezug auf die Systemdichtung nur schwer auf einen gemeinsamen Nenner bringen. Es war Larsen, der die Debatte seinerzeit durch die von ihm hervorgebrachten Thesen dominierte und die aufgrund dessen die Grundlage für die in dieser Arbeit durchgeführte Untersuchung von *alfabet* bildete. Als problematisch für die Kategorisierung von Christensens Gedichtband stellten sich zwei Aspekte heraus: Die zeitliche Einordnung des Werks sowie die Frage, ob es systematisch genug ist, um den an ein Werk der Systemdichtung gestellten Anforderungen zu genügen. Die Analyse von *alfabet* hat meines Erachtens deutlich gemacht, dass Christensens Gedichtband sämtliche dieser Anforderungen erfüllt. Der Text ist primär schriftthematisierend, von zahlreichen, miteinander verzweigten systematischen Strukturen durchzogen und zeichnet ein Weltbild, wie es dem typischer Werke der Systemdichtung entspricht.

In meiner Erörterung von *alfabet* waren es die Fibonacci-Folge und das Alphabet, die stets als die dominierenden Systeme in dem Gedichtband dargestellt wurden. Es gibt auch keinen Anlass, das im Nachhinein in Frage zu

---

[228] Larsen: *Sproget som et billede*, S. 177.
[229] Vgl. S. 51.

stellen. Dies geschah mit der Absicht, sich im Rahmen dieser Arbeit auf das Wesentliche zu konzentrieren. Ich möchte es an dieser Stelle jedoch nicht unterlassen, kurz auf einen weiteren Aspekt die beiden Systeme betreffend einzugehen, nicht zuletzt um auch einen Ausblick auf eine mögliche, intensivere Ausarbeitung des Themas zu geben.

Abild/Bonde weisen auf eine Aufspaltung des von Christensen verwendeten Alphabets in zwei weitere Alphabete hin. Das eine thematisiere Zerstörung und umfasse die so genannten ‚Bombengedichte' (*atombomben findes, brintbomben findes...*). Von diesem Alphabet spalte sich ein weiteres Alphabet ab, das die Schreibsituation als das Verhältnis von der Natur zur Schrift thematisiere (*alfabeterne findes*).[230] Auch Mette Søeborg weiß Christensens Text in mehrere Alphabete aufzuteilen. Das erste der von ihr gewählten ‚Unter-Alphabete' richte sich nach der einem Alphabet inhärenten Ordnung und zeichne sich durch das Aufzählen von Begriffen aus, die es ‚gibt' (*abrikostræerne findes...*). Das andere Alphabet ist, ähnlich wie bei Abild/Bonde, ein Alphabet der Zerstörung und wird auch hier durch die oben erwähnten ‚Bombengedichte' repräsentiert. Durch die von Christensen gewählten Begriffe werde auf geschickte Art und Weise eine Verbindung zwischen den Alphabeten hergestellt; so lasse sich aus dem Wort *brombær* das dänische Wort für ‚Bomben', *b(r)ombær = bomber* ableiten. „Ødelæggelsen er således en anden måde at skrive verden, en anden måde at ordne betydningen."[231] Christensen selbst macht darauf aufmerksam, dass auch die Fibonacci-Reihe gewisse Brüche aufweist. Die Zahlenfolge sei löchrig,

---

[230] Vgl. Abild/Bonde: *Angst og system*, S. 13.
[231] Søeborg: *Med sprogets proces*, S. 127.

habe einige Stellen, die die Funktion von ‚Schutzinseln' erfüllten, um dem menschlichen und somit auch dem epischen Element Platz zu schaffen.[232]

Dies soll an dieser Stelle nicht weiter ausgearbeitet werden. Es soll lediglich als Anregung und Ausblick auf die Ausarbeitung weiterer, möglicher Aspekte Christensens Gedichtband betreffend dienen, um nur einen zu nennen.

Es bleibt die Frage offen, ob die zeitliche Diskrepanz zwischen dem Erscheinen von *alfabet* und der Datierung der dänischen Systemdichtung eine Zuordnung von Christensens Werk in diese Gattung gestattet oder nicht. Meines Erachtens sprechen die bereits in den 60er und 70er Jahren veröffentlichten Werke Christensens, allen voran *Det*, dafür. Die Autorin ist ihrem Stil zu schreiben, der Art, alternative Welten darzustellen, treu geblieben, so dass meiner Meinung nach eine deutliche Verbindung zu ihrem verspätet erschienenen Werk *alphabet* besteht und dieses als Werk der Systemdichtung bezeichnet werden kann. Dass dies keine allgemein gültige Antwort ist, muss nicht extra erwähnt werden. Vielleicht sollte man sich Christensens Nonchalance zum Vorbild nehmen, mit der sie an ihr eigenes Werk herangegangen ist:

> Digtene i *Alfabet* er på samme måde kun eksempler på, hvordan Fibonaccirækken kan konkretiseres. Alt kunne have været skrevet: „Aberne findes" eller noget andet. Det egentlige digt, det er sådan set allerede skrevet – det er Fibonacci-rækken. Dengang vidste jeg ikke, at der var noget, der hed en Big Bang-teori, men nu ligner den jo sådan en – hvor man bare lige får slynget et ord ind hist og pist på de rette steder, og hvem som helst kan gentage det på sin måde.[233]

---

[232] Vgl. Pape, Lis Wedell: „En slags genoptræning i forvandling. En samtale med Inger Christensen", in: *Spring*, 2. Jg. (1993) Nr. 4, S. 155.
[233] Conrad: *Det svimlende punkt*, S. 13.

Zufriedenstellend mag das nicht sein. Der Bedeutung, die *alfabet* für die dänische Lyrik hat, tut es jedoch gewiss keinen Abbruch. Eine Anregung und Herausforderung für den interessierten Skandinavisten, sich mit den Werken Inger Christensens zu beschäftigen ist es jedoch in jedem Fall.

Literaturverzeichnis

Primärliteratur:

Christensen, Inger: „alfabet", in: Christensen, Inger: *Samlede digte*, Kopenhagen 2001, S. 391-457.

Larsen, Steffen Hejlskov: *Systemdigtningen. Modernismens tredje fase*, Kopenhagen 1971.

Sekundärliteratur:

Abild, Birgit; Bonde, Lisbeth: „Angst og system i ‚alfabet'", in: *Litteratur & Samfund 36* (1983), S. 8-27.

Baumgartner, Walter: „Zur Bedeutung von Viggo Brøndals Präpositionstheorie für ‚Det'", in: *Skandinavistik*, 5. Jg. (1975), S. 136-142.

Bjerg, Anne Marie: „Alt er allerede til stede", in: *Luftskibet*, 2. Jg. (1982), Nr. 1, S. 48-53.

Borup, Anne: „Systemer i polemik", in: *Apparatur Nr. 2* (2001), S. 6-11.

Braun, Michael: „Das verlorene Paradies", in: *Die Horen*, 43. Jg. (1998), S. 152-160.

Brøndum, Hans Jørgen; Hermann, Iselin C.: „Om det hensigtsmæssige og det umiskendelige", in: *Til Inger Christensen på tresårsdagen den 16. januar 1995*, Kopenhagen 1995, S. 37-39.

Bødker, Marrian: „Ormenes tisken... – om Inger Christensens alfabet, 1981", in: Mai, Anne-Marie (Hrsg.): *Digtning fra 80'erne til 90'erne. Læsninger af ny dansk lyrik*, Kopenhagen 1993, S. 118-132.

Christensen, Inger: *Del af labyrinten*, Haslev 1992.

Christensen, Inger: *det / das. Aus dem Dänischen von Hanns Grössel*, Münster 2002.

Christensen, Inger: *Das Schmetterlingstal. Sommerfugledalen*, Frankfurt a. M. 1998.

Conrad, Neal Ashley: „Det svimlende punkt. Synsvinkler på forfatterskabet. Samtale med Inger Christensen", in: *Spring Nr. 18* (2002), S. 8-34.

Depenbrock, Heike: „,Alle Verdinglichung ist ein Vergessen' - Inger Christensens *alfabet*", in: *Skandinavistik*, 21. Jg. (1991), S. 1-29.

Depenbrock, Heike: „Reflexive Verfahren in Inger Christensens *alfabet*", in: *Arbeiten zur Skandinavistik. 10. Arbeitstagung der deutschsprachigen Skandinavistik 22.-27.9.1991 am Weißenhäuser Strand (Texte und Untersuchungen zur Germanistik und Skandinavistik 32, hrsg. von Heiko Uecker)*, Frankfurt/M. u. a. 1993, S. 246-253.

Donhauser, Michael: „Die Aprikose", in: *Til Inger Christensen på tresårsdagen den 16. januar 1995*, Kopenhagen 1995, S. 69-76.

Gustafsson, Lars: „Den långa diktens problem. Iakttagelser", in: *BLM*, 64. Jg. (1965), S. 354-358.

Haugen, Paal Helge: „Punktet mellom ingenting og alt", in: *Til Inger Christensen på tresårsdagen den 16. januar 1995*, Kopenhagen 1995, S. 64-68.

Jørgensen, Bo Hakon: „Eskatologiens Fascination. Om Inger Christensens Alfabet nr. 14", in: *Den Blå Port Nr. 4* (1986), S. 31-33.

Kreutzer, Gert: „System und Prozeß. Zur Form von Inger Christensens Det", in: *Skandinavistik*, 5. Jg. (1975), S. 113-135.

Kristensen, Sine Dalsgaard; Rudfeld, Henrik: „Hvad med naturen? – om de skiftende billeder af naturen i litteraturen", in: *LÆS*, 3. Jg. (1985) Nr. 3, S. 59-93.

La Cour, Paul: *Fragmenter af en Dagbog*, Kopenhagen 1948.

Larsen, Steffen Hejlskov: „Noget om systemdigtning", in: *Kritik*, 35. Jg. (2002) Nr. 158, S. 69-70.

Larsen, Steffen Hejlskov: *Sproget som et billede af Danmark*, Holstebro 1969.

Larsen, Steffen Hejlskov: „System og system er to ting", in: *Vindrosen*, 15. Jg. (1968) Nr. 1, S. 8-10.

Larsen, Steffen Hejlskov: „Systemdigtning – et forsøg på en karakteristik og vurdering", in: *Vindrosen*, 14. Jg. (1967) Nr. 7, S. 16-25.

Levy, Jette Lundbo: „Ørneungen og fuglenes posedame – om bevægelser mellem frihed og fangenskab i alfabetet", in: *Til Inger Christensen på tresårsdagen den 16. januar 1995*, Kopenhagen 1995, S. 54-63.

Moestrup, Hans Rørdam: *Inger Christensens lyriske forfatterskab. Identitetsopfattelsen i "Lys", "Græs", "Det", "Brev i april" og "Alfabet"*, Kopenhagen o. J. [unpublizierte Magisterarbeit, Københavns Universitet].

Nexø, Tue Andersen: „Vækstprincipper. Systemernes betydning i Inger Christensens *alfabet*", in: *Passage 30* (1998), S. 77-90.

Nielsen, Hans-Jørgen: „Mere end tre ting jeg ved om systemdigtning", in: *Vindrosen*, 15. Jg. (1968) Nr. 6, S. 74-77.

Pape, Lis Wedell: „En slags genoptræning i forvandling. En samtale med Inger Christensen", in: *Spring*, 2. Jg. (1993) Nr. 4, S. 152-159.

Pape, Lis Wedell: „Fortælleligheder. Om tal og tale som system i Inger Christensens Det og alfabet", in: *Spring* Nr. 18 (2002), S. 126-140.

Pape, Lis Wedell: „Inger Christensen", in Nielsen, Morten und Nielsen, Hans-Jørgen (Hrsg.): *Danske digtere i det 20. århundrede II*, Kopenhagen 2001, S. 377-393.

Paul, Fritz (Hrsg.): *Grundzüge der neueren skandinavischen Literaturen*, 2. Aufl., Darmstadt 1991 (1. Aufl. 1982).

Popp-Madsen, Mette: *Den talende tavshed – en analyse af Vagn Lundbye: Tilbage til Anholt, Hvalfisken, Den store by. Inger Christensen: Alfabet*, Kopenhagen 1986 [unpublizierte Magisterarbeit, Københavns Universitet].

Rifbjerg, Klaus: *Amagerdigte*, Kopenhagen 1965.

Rifbjerg, Klaus: *Camouflage. Et digt af Klaus Rifbjerg*, Kopenhagen 1961.

Rifbjerg, Klaus: *Portræt. Digte af Klaus Rifbjerg*, Kopenhagen 1963.

Schnauber, Cornelius (Hrsg.): *Deine Träume – Mein Gedicht. Eugen Gomringer und die konkrete Poesie*, Nördlingen 1989.

Ström, Eva: „Hvis bare jeg kunne begynde ganske stille. 14 punkter om Inger Christensens diktsamling Alfabet", in: *BLM*, 66. Jg. (1997) Nr. 3, S. 22-26.

Subileau-Ivertsen, Birgitte: „Inger Christendom. Interview med digtsamlingen ‚Alfabet' om dens religiøse elementer", in: *Reception Nr. 49* (2002), S. 9-13.

Søeborg, Mette: *Med sprogets proces. Diskurs og udsigelse i Inger Christensens forfatterskab*, Kopenhagen 1983 [unpublizierte Magisterarbeit, Københavns Universitet].

Thorup, Kirsten: „Tilværelsens egentlige ansigt. Tale til Inger ved overrækkelsen af Leo Estvads hæderslegat", in: *Til Inger Christensen på tresårsdagen den 16. januar 1995*, Kopenhagen 1995, S. 77-79.

Thygesen, Erik: „System og system er to ting – systemisk noget helt tredie", in: *Vindrosen*, 15. Jg. (1968) Nr. 4, S. 55-61.

Wilpert, Gero von (Hrsg.): *Sachwörterbuch der Literatur*, 7. verbesserte und erweiterte Aufl., Stuttgart 1989 (1. Aufl. 1955).

Bildnachweis:

Larsen, Steffen Hejlskov: *Sproget som et billede af Danmark*, Holstebro 1969, S. 168.